人人都能玩转短视频+直播

沈阳 编著

图书在版编目（CIP）数据

人人都能玩转短视频+直播 / 沈阳编著. —上海：立信会计出版社，2021.8
ISBN 978-7-5429-6891-3

Ⅰ.①人… Ⅱ.①沈… Ⅲ.①网络营销 Ⅳ.① F713.365.2

中国版本图书馆 CIP 数据核字（2021）第 139504 号

策划编辑　蔡伟莉
责任编辑　余　榕

人人都能玩转短视频+直播
RENREN DOUNENG WANZHUAN DUANSHIPIN+ZHIBO

出版发行　立信会计出版社	
地　　址　上海市中山西路 2230 号	邮政编码　200235
电　　话　（021）64411389	传　　真　（021）64411325
网　　址　www.lixinaph.com	电子邮箱　lixinaph2019@126.com
网上书店　http://lixin.jd.com	http://lxkjcbs.tmall.com
经　　销　各地新华书店	

印　　刷	上海万卷印刷股份有限公司
开　　本	720 毫米 × 1000 毫米　　1/16
印　　张	14
字　　数	187 千字
版　　次	2021 年 8 月第 1 版
印　　次	2021 年 8 月第 1 次
印　　数	1—3 100
书　　号	ISBN 978-7-5429-6891-3/F
定　　价	58.00 元

如有印订差错，请与本社联系调换

PREFACE 序

2013年，短视频走入大众的视野。经过近十年的发展，从新奇到习惯，从社交到营销，从青年到大众，短视频对人们的影响力也越来越大。

短视频行业在迅猛发展的同时，也给短视频相关从业者带来了诸多挑战。这些挑战表现为：

第一，知识爆炸。大量短视频的出现，导致了知识爆炸的情况，用户对内容越来越挑剔。这就好比当年好莱坞电影进入国内市场时，几乎每一部电影都能给引入者带来巨额回报，有些在国外不被看好的电影，只要一进入国内市场就会产生收益，而现在好莱坞电影已经不再辉煌，原因在于观众开始对内容有了鉴别能力。短视频也是如此，如果想做好，就需要创作者对内容和创新有着更为严苛的要求。

第二，流量争夺。虽然短视频拥有巨大的流量和红利，但大多数流量都聚集在头部，比如大明星、大网红、大IP，而一些刚入行的草根创作者，很难在短时间内获得精准流量。对创作者来说，平台的选择、大数据的应用、用户画像的描述等，都是必不可少的知识储备。

第三，制作难度。随着短视频制作的工具快速升级，智能手机的显示更加高清，这就需要创作者随时更换更好的设备，制作更精更美的画面，难度和挑战可想而知。

本书的作者沈阳是一位资深的短视频专家，经历了短视频行业诞生、成长、发展的全过程。由他精心编著的《人人都能玩转短视频+直播》一书，完美地解决了上述三大挑战，不仅能给短视频资深从业者带来专业的知识迭代，也能帮助短视频入门者快速成长，获得专业的指导。

曹恒山

畅销书作家、资深营销讲师

南通理工学院企业发展研究院 院长

江苏省培训行业联谊会 执行会长

自短视频全民化时代开启后,站在风口上的各大短视频平台"各显神通"抢占市场,短视频行业乘风而起,开始朝着正规化、专业化方向迈进。当年众多逐梦短视频的创作者们,如今也已累积起百万、千万的"粉丝",依靠运营短视频成为了人生大赢家。如果我们将早期的短视频行业比喻为"蓝海",那么现在的短视频行业则更像是"红海",行业市场格局逐渐稳定,多样化的变现手段也愈发成熟。

2020年1月,微信视频号进行内测。

2020年8月,小红书上线视频号。

互联网巨头们以视频号作为切入点,向短视频平台发起了挑战。可以说,微信视频号的入局为短视频市场增添了新的色彩。依靠熟人社交累积巨量活跃用户的视频号,势必会给短视频行业的发展带来新的契机。

短视频行业发展至今,平台上的内容历经多次迭代,形成了许多细分的内容品类。有的创作者依靠深耕细分品类在短短一周时间内涨"粉"百万,有的创作者依靠独特的内容风格成功打造起个人品牌IP,有的创作者则依靠内容运营顺利实现价值变现……每一天都有人依靠短视频获得成功,然而机会是有限的,越早进入这个行业的人,越能够抢占先机。

在内容创作之外,2020年直播"带货"的火热让一众短视频创作者看到了新的商机。原本作为一种变现手段的直播,在这一年异军突起,成为短视频市场的一匹"黑马",独自开辟了一个新的行业领域。许多短视频创作者都走上直播"带货"之路,通过直播"带货"实现了自身的价值。

本书立足于短视频内容创作的各个环节，分三篇、共计十章内容全方位地介绍短视频内容策划、拍摄、推广、增"粉"、变现、直播等方面的知识和技巧。

第一篇主要介绍短视频内容创作的入门知识，从与短视频相关各元素介绍，到短视频平台剖析，再到短视频账号设计，手把手地教读者从零开始做短视频。这些内容在后续增"粉"、变现时能够发挥重要作用，是新手创作者必须要重视的内容。

第二篇主要介绍短视频内容策划的基础知识，从短视频内容主题与风格的策划，到短视频团队的组建和设备的选择，再到拍摄和剪辑视频的技巧，将整个内容创作流程打包，一次性讲解清楚，无论创作者有无基础，都可迅速上手，轻松完成自己的短视频创作。

第三篇主要介绍短视频内容运营的提升知识，内容变现、直播带货、数据分析、引"流"吸"粉"，这些都是创作者想要实现短视频内容的商业价值，必须要做的内容运营工作。其中，数据分析是引"流"吸"粉"的基础，引"流"吸"粉"是直播带货的前提，直播带货是内容变现的一个重要手段，内容变现则是短视频运营的最终归途，环环相扣的内容将会让读者更好地了解短视频的内容运营工作。

本书通过理论介绍，搭配头部短视频达人案例解析，为读者详尽介绍短视频内容运营的各个环节。此外，本书还加入了一些重要的思维导图和表格，旨在帮助读者更好地了解和运营短视频。

本书既可作为新手创作者的入门教程，又可帮助有经验的创作者补足内容策划短板，堪称一本不可多得的"短视频+直播"全攻略。

因作者水平有限，本书难免存在不当之处，敬请批评指正！

编　者

2021 年 7 月

目录

第一篇 入门篇
玩转短视频，你需要先了解这些

▸ **第一章 短视频"红海"，内容为王** | 003
  1. 短视频靠什么"打赢"长视频 | 003
  2. 短视频如何在行业竞争中脱颖而出 | 004
  3. 内容为王，人人都是创作者 | 005
  4. 平台选择：知己知彼，百战不殆 | 008
  5. 创作者众生相：单打独斗或者拜师学艺 | 010
  6. 短视频知识点：MCN 机构是什么 | 013
  7. 评论、点赞、转发、关注：每一机关都暗藏玄机 | 015
  8. 揭开推荐算法机制的神秘面纱 | 017
  9. "蓝 V 企业号"的品牌效应 | 019

▸ **第二章 短视频创业，选准平台很重要** | 024
  1. 抖音：高流量、高竞争，原创短视频的主战场 | 024
  2. 快手："土味"原生态，直播卖货首选 | 027

3. 西瓜视频：短视频+资讯，从泛娱乐到泛生活 | 030

4. 微信视频号：背靠大树好乘凉 | 032

5. 哔哩哔哩：二次元的天堂，知识分享者的乐园 | 035

第三章 短视频运营，从注册账号开始 | 039

1. 账号名称："手工耿"这个名字好在哪 | 039

2. 账号头像：光头、西装、黑镜框，辨识度很重要 | 042

3. 账号简介：立好人设，给别人一个关注你的理由 | 045

4. 账号标签："用点手段"让平台给你打出好标签 | 048

5. 账号定位不明，10万"粉丝"不如1万"粉丝"价值高 | 050

6. 深耕垂直领域，早晚会有收获 | 053

7. 账号权重，让视频上热门的关键 | 057

8. 什么样的账号会被限流、封号 | 060

第二篇 基础篇
动手创作属于自己的短视频

第四章 构思选题，策划内容，制订计划 | 067

1. 用户都喜爱观看哪几类视频 | 067

2. 官方公认的6种高流量短视频内容主题 | 069

3. 紧扣时代主旋律脉搏：用正能量热点故事激发真善美情怀 | 071

4. 原创还是搬运，各有各的好 | 074

5. 为你的内容贴上"个性标签" | 076

6. 如何打造爆款内容标题 | 079

7. 看脸时代：短视频封面是"门面担当" | 083

8. 短视频内容创作的几种方法 | 086

9. 短视频内容创作要避开的那些坑 | 089

第五章 组建团队，调试机器，准备开工 | 093

1. 一个合格的短视频团队需要具备哪些要素和能力 | 093

2. 如何组建一支短视频团队 | 095

3. 短视频团队运营会遇到哪些"坑" | 098

4. 单平台矩阵运营与多平台矩阵运营 | 101

5. 短视频拍摄器材，合适的就是最好的 | 104

6. 依主题搭建摄影棚，做好灯光与布景 | 107

7. 多样的剪辑软件，让内容更精彩 | 110

8. 好内容也要有"好演员" | 113

第六章 开机拍摄，后期制作，完善细节 | 116

1. 有剧本，也要有拍摄脚本 | 116

2. 花样运镜，拍出新奇画面 | 119

3. 巧妙转场，视频内容无缝衔接 | 122

4. 短视频构图的 9 种方法 | 124

5. 短视频剪辑，呈现最好的画面效果 | 128

6. 独辟蹊径，避开大众化背景音乐 | 132

7. 短视频包装，让你的作品与众不同 | 135

第三篇 提升篇
不能变现的短视频，没有商业未来

第七章 流量变现，短视频玩法的归途 | 143
1. 无法变现就是在做公益 | 143
2. 打造个人品牌 IP，是最好的价值体现 | 146
3. 以"粉丝"和流量为基础的广告变现模式 | 148
4. 直播"带货"，月入百万元的新型变现模式 | 152
5. 渠道分成，变现其实很简单 | 155
6. 短视频电商引"流"，开通你的商品橱窗 | 158
7. 知识类短视频，卖知识赚钱 | 162

第八章 分析数据，让你的内容趋于完美 | 166
1. 为什么要做数据分析 | 166
2. 数据分析中应关注的关键数据 | 168
3. 爆款短视频中哪些数据最有价值 | 172
4. 用数据分析来补足内容短板 | 175
5. 哪个时间段发布短视频效果最好 | 177
6. 常用短视频数据分析工具 | 181

第九章 引"流"吸"粉"，让你的短片更受欢迎 | 185
1. "粉丝"流量是短视频领域的"硬通货" | 185
2. 靠独特人设风格，单周涨"粉"百万 | 188

3. 和"粉丝"保持互动，是最好的吸"粉"方法 | 191

4. 让"粉丝"在你的视频中找到归属感 | 193

5. 多账号短视频矩阵引"流" | 196

6. 参与话题、挑战，保持平台热度 | 198

第十章 直播"带货"，短视频玩法的新潮流 | 201

1. 从短视频创作走向直播"带货" | 201

2. 短视频新号直播涨"粉"技巧 | 203

3. 直播"带货"选品的"三大注意" | 206

4. 短视频直播"带货"的"黄金时段" | 209

第一篇　入门篇

玩转短视频，你需要先了解这些

第一章

短视频"红海",内容为王

❶ 短视频靠什么"打赢"长视频

短视频和长视频仅一字之差,但两者背后的商业逻辑和运营思路却完全不同。在短视频诞生之前,电视剧、电影等长视频不存在竞争对手,并不需要担心有人来与自己争夺用户。但在短视频出现后,用户流失已成为长视频不得不面对的一大现实困境。

短视频这一"后浪"是如何打赢长视频这一"前浪"的?这是每个短视频创作者先要搞清楚的问题。

根据 Quest Mobile 发布的《中国移动互联网 2020 年半年大报告》显示,2020 年第二季度,中国移动互联网月度活跃用户规模达到 11.55 亿,比上一季度移动互联网用户减少了 120 万。从中可以看出,我国移动互联网流量池已近饱和,想再依靠人口红利来谋求发展已不再现实。

既然没办法靠获得增量用户取胜,那就只能去争夺有限的存量用户,而对用户时长的掌握是争夺存量用户的关键所在。随着视频内容市场用户规模的稳定,用户时长也趋于恒定,这就意味着短视频和长视频要想尽办法争夺用户所拥有的并不算长的休闲时光。但在这场争夺战伊始,长视频便陷入劣势境地。

移动互联网的普及与发展，大大改变了用户的视频内容消费习惯，如今的人们更喜欢用碎片化时间来刷刷抖音、看看快手，而不是坐在那里用半小时或者 2 个小时去观看一集电视剧或者一部电影。

根据中国网络视听节目服务协会《2020 中国网络视听发展研究报告》所公布的数据显示，2020 年 6 月，泛娱乐典型行业日人均使用时长最长的就是短视频，其日人均使用时长达到 110 分钟，远远超过了在线视频、语音通信等日人均使用时长。

可以说，在对用户时长的争夺上，短视频早已稳操胜券。相较于其他媒介，短视频的用户规模、使用时长和使用率都已全面超越长视频，一跃成为当前视频内容领域名副其实的"王者"。

❷ 短视频如何在行业竞争中脱颖而出

如今，在实现对长视频的全面超越后，短视频行业开始进入稳步发展阶段。如何增加用户黏性，这成为各大短视频平台和短视频创作者最为关注的问题。

近年来，目睹短视频行业的火热，越来越多的短视频创作者涌入这一赛道。对于短视频创作者来说，同行多了，竞争也就更加激烈，原有的内容创作模式是否还能在激烈竞争中适用？这是创作者应该仔细去思考的事情。

内容同质化这一问题，始终是悬在每位创作者头上的"达摩克利斯之剑"，只有摆脱这一困扰，才能更好地迎合用户对短视频内容的需求。如果想着用与别人相同的段子、套路去"糊弄"用户，那用户也只会用拇指轻轻一划，而不会去观看这条短视频，更不会关注创作者是谁。

在这一问题上,短视频平台推出了一系列举措,试图消除用户的"疲惫感",这在一定程度上也能帮助短视频创作者解决内容同质化问题。当创作者入驻某一短视频平台后,平台会给予创作者一定的流量支持,在这段探索期内,创作者可以从众多短视频内容中选择适合自己的一种,并结合自身特征,把内容做得更具特色。

此外,短视频平台还为创作者提供了各种分析工具,以帮助创作者了解用户对内容的偏好和审美趣味。借助于短视频平台的算法机制,创作者可以将各种能够提升流量权重的因素融入自己的创作当中,用来提高内容的被推荐率和受欢迎程度。

各类短视频平台的出现,为短视频内容创作者带来了新的希望,他们可以有更多的渠道去推出自己的内容,从而有更多的机会获得成功。

从表层来看,短视频运营是一门流量生意,看的是谁能更高效地获得更多流量;但从深层来看,短视频运营其实是一门内容生意,看的是谁能够长久地输出更优质的内容。想要更长久地获得更多流量,短视频创作者从一开始就要将内容做好,唯有深耕内容才是安身立命的根本。因此,想要在短视频行业站稳脚跟,创作者就要踏踏实实地把内容做好。

❸ 内容为王,人人都是创作者

当短视频行业脱离了初期的野蛮生长,进入稳步发展阶段后,"流量至上"的短视频内容创作观念开始逐渐被"内容为王"所取代。内容开始成为短视频最为核心的要素,创作者想要长久保持行业竞争力,就一定要遵循"内容为王"的短视频内容创作原则。

作为一种"人人可见、随处可见、随时可用"的全新传播形态,短视频不仅是人与人之间的情感联结纽带，也是一种形式新颖的社会活动形态。每一个生活中的微观片段都可以成为短视频的内容素材，海量生活微观片段聚集到一起，便构成了如今的"短视频世界"。

既然每一个生活中的微观片段都可以作为短视频的内容，那生活中的每一个人就都可以成为短视频的创作者——随手一拍，一键上传，所分享的短视频内容便会瞬间传到千里之外。

从非盈利角度来考虑，这种"随手一拍，一键上传"的短视频分享行为，可以称为短视频内容分享，但却不能称为短视频内容创作。如果将这种行为作为业余爱好，那是否为内容创作倒也不那么重要，我们只是利用短视频这一媒介，与他人交流情感，分享美好感受，仅此而已。但如果将其作为一种职业行为，那我们便不能只停留在内容分享上，而需要主动去触及短视频内容创作。

下面用"农夫山泉"的例子来解释一下短视频内容分享者与内容创作者的区别。如果"农夫山泉"只是先将天然矿泉水原封不动地装到瓶子里，然后再摆放到各大商超的货架上，那在整个过程中它所充当的角色便确确实实是"大自然的搬运工"。但实际上，"农夫山泉"在将天然矿泉水装入瓶子前，先用自己的技术手段对山泉水进行了层层过滤，然后才装瓶售卖，在这个过程中，它的身份就不是简简单单的"搬运工"，而是实实在在的"创作者"。

针对日常生活的微观片段，创作者需要加入自己的创意与设计，通过各类采编手段对短视频内容进行制作，这才完成短视频的内容创作过程。前面所提到的"短视频创作者要踏踏实实做内容"，说的正是要做这种内容创作，而不仅仅是分享内容就算完事。

短视频行业内部竞争的白热化和内容的同质化，使得这种内容创作

第一章 | 短视频"红海",内容为王

工作的意义更为重要。创作者单纯做一个"短视频搬运工",是没办法在竞争日趋激烈的短视频行业中生存下去的。想要通过短视频创业,并获得第一桶金,创作者就必须要从众多内容创作者中突围出来。想要做到这一点,短视频创作者就必须要依靠自己的内容创作能力打造出具有个人特色的短视频。

短视频运营中的内容创作一般有两大方向:一是"以创作者个人为取向";二是"以用户喜好为取向"。

"以创作者个人为取向"强调围绕短视频创作者去构建内容,即自己擅长什么内容,就去创作什么内容,将自己的个人特色融入视频内容中,以此来获取用户关注。这类短视频创作者通常具备一些特殊的能力或者技巧,比如抖音创作者"手工耿",这位专门搞"无用发明"的短视频创作者,凭借着自己的电焊工艺和独特创意,创作出了一个又一个"没什么用,但又很有趣"的发明,收获了许多忠实粉丝。

"以用户喜好为取向"注重围绕固定用户群体去构建内容,即用户喜欢什么内容,就去创作什么内容,当然也要适当结合创作者自身的实际情况,毕竟中年大叔去唱唱跳跳总是不太合适的。

需要注意的是,这两种方向并不是绝对的,创作者择其一后还可以再择其二,既突出自身特色,又迎合用户喜好的内容,自然会获得更多流量关注。当然,如果创作者没办法很好地融合这两个方向,那就选择一个方向,努力钻研、不断尝试,做自己最擅长的就好。

在内容创作的大方向之外,短视频创作者还需要考虑一些内容创作的细节问题,如 IP 内容开发、垂直内容深耕、热点内容引流等。这些问题是短视频内容创作中的关键问题,对于那些想要从激烈竞争中成功突围的创作者来说,是必须掌握的运营技巧。

当前，用户对短视频功能需求的变化，也需要创作者多加留意。近年来，用户对于短视频内容的知识性、功能性要求也在不断增加。这就要求短视频内容创作者需要在内容深度上多下功夫，要把各类信息知识、哲理真知融入内容之中，越是具有文化性、思想性的内容，就越容易被用户所接受。

除了要在内容深度上下功夫，创作者还需要在内容表现形式上推陈出新。如果短视频内容的表现形式一贯单调，那用户便很容易产生审美疲劳，即使这些短视频中存在一些有价值的内容，用户在失去新鲜感后也不会从头看到尾的。

在"内容为王"的时代，如何变着花样做好内容创作，决定着短视频创作者在行业中的未来。是一举成为头部创作者鹤立鸡群，还是一直作为腰部创作者备受煎熬，一切都取决于创作者是否能做好内容创作这项工作。

❹ 平台选择：知己知彼，百战不殆

有很多短视频创作者不知道，在进行短视频内容创作之前，要先摸清楚当前短视频行业和现有短视频平台的"脾气秉性"，才能有的放矢地完成内容创作的全过程。

我国短视频行业的竞争非常激烈，几乎各大互联网巨头都已入局短视频领域。字节跳动系、B站系、腾讯系、阿里系、新浪系……各大公司的竞争为短视频创作者提供了诸多可选择的短视频平台。

据 Mob 研究院发布的《2020 中国短视频行业洞察报告》显示，2020 年我国短视频活跃用户规模已达到 6.4 亿，近一年来新增用户数接近 1 亿。

第一章 | 短视频"红海",内容为王

根据 Quest Mobile 数据显示,2020 年 6 月,抖音月活跃用户数达到 51 336 万人,用户活跃率为 57.5%;快手月活跃用户数达到 42 975 万人,用户活跃率为 50%。从月平均使用时长来看,抖音月人均使用时长为 1 569.5 分钟,而快手月人均使用时长为 1 162.6 分钟。

由此可以看出,抖音和快手作为头部短视频平台,月活跃用户数量都非常多,相比之下,抖音要稍稍领先快手一些,从整体上看,两大头部短视频平台的竞争则是互有高低、各具特色。

在抖音和快手之后,字节跳动系的西瓜视频、抖音火山版,腾讯旗下的微视、视频号,百度旗下的好看视频则处于第二梯队,用户活跃率为 24.9%,要远低于抖音与快手的 50% 左右。

在第二梯队之后,爱奇艺随刻、波波视频、快手极速版等短视频平台则处于第三梯队,用户活跃率为 12.4%。相比于第一梯队的抖音与快手,这些短视频平台的热度明显不足。

值得注意的是,二次元网站 B 站在 2020 年年末也加大了对短视频的布局力度。一些新闻报道称,B 站正在自己的 App 上测试短视频播放界面,打算以此来进军短视频领域,从抖音和快手两大平台中"分一杯羹"。

面对如此之多的短视频平台,短视频创作者该如何选择?是进驻头部平台,在激烈竞争中搏一搏?还是以新兴平台为跳板,稳扎稳打、厚积薄发?

忽略创作者这一主体特征,片面去谈短视频平台的选择是不负责任的,但对于还没有形成自身特色,或者并未确定自己内容创作风格的短视频创作者来说,分析其主体特征似乎也没有太大意义。

短视频创作者无论选择何种平台去运营短视频,一方面要了解自己的内容创作;另一方面则要了解短视频平台的基本特征。

了解自己的内容创作，是指短视频创作者要知道自身优势与劣势，了解自身内容风格、目标用户，这一点是对创作者"知己"的要求。

了解短视频平台的基本特征，主要是指短视频创作者要知道不同短视频平台的独特特征，它既包括平台的用户规模、活跃用户数量、月平均用户市场等内容，又包括平台所对应的用户属性、用户喜好、内容定位、运营模式和其他创作者情况等内容，这一点是对创作者"知彼"的要求。

能做到"知己"，又能做到"知彼"，短视频创作者便不会在短视频平台选择这一问题上感到迷茫。盲目挤入头部平台并不见得是一件好事，过于安稳地待在新兴平台也有一定弊端。"适合自己的才是最好的"，创作者只有找到自身优势与平台优势的契合点，才能高效利用短视频平台来为自己服务；否则，就只能作为平台的一个"分母"，为平台贡献能量。

❺ 创作者众生相：单打独斗或者拜师学艺

想要进驻短视频平台，创作者只需要完成基础的账号注册操作即可，但若想在平台上大展拳脚，收获巨大流量，赚取丰厚收益，那还需掌握运营策略。

短视频运营的方法有很多，从账号管理到内容策划，从引"流"增"粉"到价值变现，每一个环节中又有很多细分的内容方法。从整体来说，想要做好短视频运营这项系统工作，创作者需要考虑的方面还是很多的。在着手运营短视频之前，创作者需要弄清楚一个问题：是一个人单打独斗，还是拜师学艺组团作战？

这并不属于短视频运营的细节问题，但却是新入行的创作者必须要考虑的重要问题。单打独斗会有更多自主性，拜师学艺可以循着前人的脚步

第一章 | 短视频"红海",内容为王

前进,两种选择各有各的好处,创作者在短视频运营时可能遇到的问题也会各有不同。

对于大多数没有资源、没有关系的短视频创作者来说,单打独斗更多是一种无可奈何的选择。从策划到制作,从剪辑到运营,各个环节的工作都需要自己亲力亲为,其中的工作量非常大,即使将那些不紧要的工作外包给助理去做,短视频创作者自己要做的工作也还有很多。

Papi酱算是早期靠单打独斗获得成功的短视频创作者典范,她既可以在短视频中一人分饰多角,也可以自己完成短视频内容的策划、剪辑等环节方面的工作,但她这种单打独斗的方式,放在现在的短视频行业中,可能就不那么高效了。

一方面,当前短视频行业的激烈竞争,对于这种单打独斗创作者的要求高了许多,即使你可以一人分饰多角,可以完成视频内容的策划、制作、剪辑和上传,你也不一定能从众多创作者中脱颖而出,这便是当前短视频领域的现实;另一方面,短视频平台为占据更多的市场份额,会对优质创作者给予一定力度的扶持。而相比于单打独斗的创作者,短视频平台更喜欢那些结成稳定同盟或者家族的创作者。这就像大企业更喜欢与设计工作室合作,而很少会单独找个人设计师合作是一个道理。

如此看来,在当下的短视频行业中,拜师学艺、组团作战似乎要比单打独斗更为高效。如果遵循"一个篱笆三个桩,一个好汉三个帮"的说法,那么拜师学艺、组团作战确实要比单打独斗高效得多,至少许多短视频运营的入门知识,新人创作者可以从师傅那里拿来就用,而师傅自己所拥有的一些成功方法,也会适时地分享给新人创作者们。

快手平台上的头部创作者便有收徒弟、建家族的习惯。对于新人创作者来说,如果顺利进入头部创作者的家族之中,那么自己的短视频运营之路便会平坦许多，至少这可以省去许多自己摸索的时间。

很多时候，头部创作者的一句话，便可以为新人创作者涨"粉"数万；反过来，头部创作者的一句话，也能为新人创作者"盖棺定论"，定义其未来发展。对于那些选择加入短视频创作者联盟或者家族的新人创作者来说，服从安排显然要比锐意进取更适合一些。

当然，同时也要看到，如果头部创作者在短视频运营过程中出现较大问题，造成一定的社会负面影响，那整个联盟或者家族中的创作者们都可能受到牵连。如此看来，拜师学艺、组团作战也是一把"双刃剑"，想要享受加入联盟或者家族的红利，就要充分做好与家族共存亡的思想准备。

如果新人创作者既不打算单打独斗，又不想拜师学艺，那还可以拉上亲朋好友一起来做短视频矩阵运营。这是一种"抱团取暖"式的短视频运营方式，主要被用来为新人创作者引"流"涨"粉"。

相对来说，短视频矩阵运营的自由度要更高一些，其不必受家族、联盟规矩的约束，只需要创作者在个人化的短视频内容创作中，加入一些多账号互动的内容来完成矩阵的搭建即可。

当然，创作者想要做短视频矩阵运营，至少要保证一个账号先拥有足够稳定的用户关注才行，如果矩阵中的所有账号都"从零开始"，那想要盘活整个矩阵就要下足够大的功夫，很多时候，将在矩阵里所付出的努力用在单一账号上，效果要更好一些。

在跨入短视频这一行业之前，新人创作者多考虑一些未来的生存问题是很有必要的。如果不知道哪种生存方式更适合自己，新人创作者不妨一一尝试前面提到的这些运营方式，一条路走不通，就转走另一条路，最后总能找到适合自己的那条短视频运营之路。

❻ 短视频知识点：MCN 机构是什么

MCN（multi-channel network）机构是短视频行业中的一种特殊存在，它们培育了许多优秀的内容创作者，也扼杀了许多优秀的内容创作者。"要么与其互利共生，要么和它鱼死网破"，这种表述用在 MCN 机构身上，倒是颇为合适的。

MCN 机构并不是某个短视频平台上的机构，这一点是许多新手创作者对 MCN 机构最常有的误解。例如，某家机构进驻抖音后，其旗下运营着五六个抖音账号，便认为自己是 MCN 机构，则是对 MCN 机构的另一种误解。

简单来说，MCN 机构是帮助内容创作者做内容输出和价值变现的公司，这些公司背后的控制者颇为复杂，有短视频创作者自己办 MCN 机构的，有经纪公司利用专业优势来办 MCN 机构的，也有视频平台下场客串 MCN 机构的……

克劳锐发布的《2020 年中国 MCN 行业发展研究白皮书》显示，2019 年，我国的 MCN 机构数量已突破 2 万家，这一数量超过了 2015—2018 年 3 年之和。在这些 MCN 机构中，有近六成机构的营收规模达到了千万元级别，三成机构的营收规模破亿元。

经过几年时间的野蛮生长，MCN 机构现在已回归理性状态，"大鱼吃小鱼"成为行业内的主流趋势，经过一番又一番的洗牌后，能够存活下来的 MCN 机构，基本上其旗下都要有一两个能在短视频行业中占据一方之地的内容创作者。

如果说微念科技是一家 MCN 机构，大多数人可能对此没有什么概念，但如果告诉大家"李子柒"便是由这家公司所打造出来的短视频内容创作者,那绝大多数人就立马会对 MCN 机构产生一个比较直观的认识,至少单靠"李子柒"便可以知道这家 MCN 机构的分量有多重。

微念科技走入大众视野,确实是靠"李子柒"走红而实现的,但作为一家通过孵化与深度整合 KOL[①]网络公司,微念科技并没有完全将赌注压在"李子柒"一个人身上。

当前,微念科技已拥有十多位头部 KOL,深度合作了多个平台的数百位 KOL。除"李子柒"外,微念科技旗下还有美食方向的"香喷喷的小烤鸡""夏一味",以及时尚美妆方向的"叶醒醒""卧蚕阿姨"等短视频创作者。

然而,相比于其他 MCN 机构,微念科技在商业变现方面的表现并不那么"显眼",或者说这家公司并没有急于用自己旗下的顶流创作者去赚钱。

以"李子柒"为例,从 2015 年开始便创作原创短视频内容的她,在 2016 年时就已经积累了大量"粉丝",2017 年更是在海外收获连番好评。取得了如此优秀的成绩,商业变现似乎是顺理成章的事,但在这两年时间里,李子柒却并没有着手去做商业变现,而是依然不断更新着自己的原创内容,直到 2018 年 8 月 27 日,与李子柒同名的天猫店铺才正式开业。在同名品牌上线天猫后,2018 年整年的店铺销售额就达到了 7 100 万元,2019 年"双十一"的成交额更是突破了 8 000 万元,如此看来,这位"不急着赚钱"的内容创作者,真正赚起钱来也是很有一手的。

一丝不苟打磨精品内容的"李子柒"并不缺少变现的方法和能力,用心去做好内容也并没有耽误她在商业上的价值变现。或许是"李子柒"赋予了微念科技这种不慌不忙的经营特色,也或许是微念科技为"李子柒"

---

① KOL 全称为 key opinion leader,意为关键意见领袖。

第一章 | 短视频"红海",内容为王

赋予了这种不紧不慢的运营节奏,无论是哪种情况,"李子柒"与微念科技都互相成就了对方。

与微念科技一样的MCN机构还有很多,如对标海外短视频市场的"吃鲸MCN"、注重娱乐电竞短视频市场的"小象大鹅"、专注于90后家庭粉丝群体的"青藤文化"、面向汽车发烧友的兴趣平台"老司机"……每一家MCN机构都在短视频市场中占据有一席之地,在维持自身生存与发展的过程中,MCN机构早已成为短视频行业中的重要参与者。

当前,短视频行业中的MCN机构正在经历严苛的"优胜劣汰"考验,头部MCN机构基本确定,剩下的MCN机构要么冲入头部阵营,要么被头部阵营吸收,要么就只能"兵败折戟",退出市场竞争,这一点与短视频内容创作者的处境颇为相似。

作为短视频创作者,无论是刚刚踏入短视频行业,还是已在这一行业中摸爬滚打多年,都会与MCN机构产生交集。正如前面所说,要么就加入其中,与机构相互成就、互利共生,要么就与其竞争,看谁能获得更多粉丝和流量,谁能更快实现价值变现。

❼ 评论、点赞、转发、关注:每一机关都暗藏玄机

"如果获得的点赞数足够多的话,他的短视频就能在主页排名上更靠前一些,要上热门至少要10 000次以上的双击点赞,所以他们才会使用各种方式来让我点赞。"这是一位短视频爱好者对于短视频内容创作者点赞心理的评论,获得足够多的点赞数确实可以提升短视频内容的权重,但内容创作者仅靠点赞这一条,是没办法让自己的内容顺利变现的。

各大短视频平台的内容播放界面风格虽然各有不同,但点赞、评论、

转发这些必要的版块却是必不可少的。短视频平台为什么要设置这些版块？它们跟内容创作者运营短视频又有何关联？对于新手创作者来说，搞清楚这两个问题，是很有必要的。

短视频平台之所以设置点赞、评论、转发和关注这些版块，其中的一个主要目的就是增加内容的交互性。既然搭建了一个平台，就要让内容创作者和用户都能"发言"才行，这便是设置评论版块的价值所在，用户可以通过评论对视频内容做出评价，创作者也可以通过评论回复用户的评价，这便形成了两者交互的过程。

如果观看者觉得视频内容很好，但又不想在评论区评价，他就可以通过点赞来表达自己的喜好。虽然内容创作者无法对点赞做出回复，但他们却可以在评论区中表达自己获赞的心情与感谢。

除了点赞，用户还可以通过转发将视频内容分享给自己的朋友，这一交互过程虽然没有内容创作者参与，但对于内容创作者来说却至关重要。如果一位观看者的转发能够带动两位次级观看者转发，以此类推，内容创作者的视频内容浏览量就会呈指数级增长。

当然除此之外，关注也是内容创作者必须要注重的一个方面。让更多用户关注自己的账号，是创作者进行内容创作的首要目的，这一过程便是积累"粉丝"的过程。"粉丝"的数量与创作者的账号价值直接挂钩，关系到后续商业变现的问题，所以创作者要想办法让账号获得用户更多关注，这应是进行内容创作时首要追求的目标。

对于短视频内容创作者来说，评论的意义还并不止于与用户互动，一些创作者还开发了别出心裁的评论方式，如通过在头部创作者的视频内容下进行评论来增加自己的曝光度，这种方法已被证实是一种有效的引"流"增"粉"手段。

当然，直接让用户在他人评论区里跳转去观看自己创作的视频，并不能算是一种高超的引"流"手段，用不好还会产生不小的副作用，而运用独特的语言技巧，以一种"润物细无声"的方式将自己的视频展现在别人的评论区里，才是一种更为明智且高效的评论区引流手段。

相比于评论的引"流"增"粉"作用，点赞和转发对短视频创作者的更大意义在于增加视频内容的权重。就像前面提到的一样，某一内容在获得更多的点赞数后，才会在主页排名上更靠前一些，想要成为热门内容，就要获得足够多的点赞数才行。至于要多少点赞数才会让自己的视频成为热门，这一点还得根据各个平台的推荐算法机制来确定，没办法一概而论。

有意思的是，一些短视频平台在点赞、评论和转发之外，还增加了"不感兴趣"这一选项，如果用户对于刷到的短视频不感兴趣，不想再次看到这类视频，那他们可以点击"不感兴趣"，这样在后续内容推荐中，平台就会减少甚至不再向这些用户推荐此类视频。

这一"不感兴趣"选项就像是用户对于视频内容的"判决"，一旦某一视频内容累积了太多的"不感兴趣"，那它就很难再"重见天日"。对于短视频创作者来说，某一个视频内容如果获得了太多的"不感兴趣"，其所创作的其他视频内容被推荐概率也会有所降低，至于究竟怎样降低、降低多少，具体还要看短视频平台的算法机制是怎样的。

❽ 揭开推荐算法机制的神秘面纱

如今，算法机制已成为搜索引擎、社交软件、信息平台、视频平台等各个平台的标配，依靠该机制，平台可以高效汇总数据，分发内容。非专业人士了解算法机制，大多都是从今日头条App的兴趣推荐开始的，今日头条App之所以能让"你关心的就是头条"成为现实，依靠的就是其独特的算法机制。

依靠算法起家的字节跳动除了将独特算法应用到今日头条App中，还将其应用到了抖音、西瓜视频、火山小视频等短视频平台中。

2018年年初，今日头条App的算法架构师曾公开过其算法原理，虽然这位算法架构师对算法内容解释得很清楚，但对于大多数非专业人士来说，这些内容还是过于深邃，不容易理解。

大多数短视频平台的算法都没有今日头条App复杂，但即便如此，非专业人士想要完全了解其中的算法原理也是比较困难的。对于短视频内容创作者来说，在确定入驻某平台后，应有目的地了解这一平台的推荐算法机制，这才是一种高效而明智的做法。

作为字节跳动的招牌短视频，抖音从一"出生"便继承了今日头条复杂的推荐算法机制，也正是依靠这一算法机制，抖音才能在短视频市场中一骑绝尘，在短时间内迅速成为头部短视频平台。

抖音的推荐算法机制所采取的是一种"去中心化"的智能推荐方式，其由机器算法和人工审核两方面内容构成。创作者想要让自己的短视频内容成为抖音热门视频，就必须要通过抖音推荐机制的考核，在初级筛选、多级推荐和热门推送三个流程中脱颖而出才行。

抖音的初级筛选环节面向所有抖音内容创作者，当创作者通过账号上传一条抖音视频后，这条视频可以获得一波推荐流量，它会被平台分发到创作者附近的人、兴趣关注和个人好友那里。

在经历初级筛选后，抖音会根据首波用户的转发、评论、点赞、关注数量，以及视频内容的播放完成率，来确定创作者的视频是否达到了推荐机制设定的算法要求,达到了算法要求的视频内容会继续进入热门推送流程之中。

进入热门推送流程的视频内容,大多都会获得全平台推送的机会,而一些优质视频内容在经过人工审核之后,还可以进入首页热门推荐当中。

对于短视频创作者来说,如果想要在抖音平台上获得长远发展,那就必须了解抖音推荐机制的这三个流程。当然,在这三个流程之外,推荐流量池、叠加推荐、热度加权、时间效应也是抖音推荐算法中的重要内容。搞清楚这些内容的创作者,在创作视频内容时会更加有的放矢,也更容易创作出爆款视频来。

快手平台的算法与抖音有一定差别,但两者的算法在本质上其实是一样的,都是基于用户兴趣和视频内容的受欢迎程度来进行流量分配的。

在快手平台上,只要视频内容的点赞量、评论量、转发量、涨"粉"量、完播率都能达到快手算法的要求,那么这一视频内容便可以不断获得平台的流量支持。那些一夜涨"粉"数十万的创作者,大多都是获得了平台算法机制的推荐而成为用户追捧对象的。

说到底,各大短视频平台的算法机制都是大同小异的,筛选、匹配、推荐……这些流程无论怎样安排,最后还是要落实到视频内容和用户兴趣上,如果视频内容足够好,又恰好匹配大多数用户的兴趣,那么这一视频内容必然会成为热门,所以对于短视频创作者来说,内容创作无疑是短视频运营过程中最为重要的环节。

❾ "蓝V企业号"的品牌效应

短视频平台不仅是个人账号的天下,也是企业账号的天下。对企业来说，用户数量庞大的短视频平台无疑是"打造短片、品牌营销"的圣地。

企业账号需要以企业的名义开通并投入一定的费用。当然，这些投入可以让企业的短视频账号与个人账号产生明显区别。

就拿抖音短视频平台来说，"蓝V企业号"就是抖音的企业认证号。抖音"蓝V企业号"与微博"蓝V认证号"是一个意思，都是短视频官方平台针对企业开通含有营销内容的渠道，是为企业提供免费的内容分发和商业营销服务的账号。

企业通过申请获得短视频平台的官方认证标识后，就能通过图片、视频、购物车等形态，实现企业内容营销的闭环。

当然，"蓝V企业号"的申请步骤要比个人账号的申请步骤稍微复杂些，但只要按照步骤一步步进行操作，"蓝V企业号"还是能很快申请下来的。

拿抖音短视频"蓝V企业号"的申请来说，其申请步骤如下：

（1）进入抖音官方网站，点击主页面右上角的"企业认证"。

（2）进入"企业认证"页面，点击"我要申请"。

（3）在弹出的信息录入页面上，将手机号码、验证码、短信验证码按要求填写。

（4）登录后进入认证界面，点击"开始认证"。

（5）在资料填写页面提交认证资质，需要提供抖音账号、企业营业执照、认证申请公函，并使用对公账户支付认证审核服务费600元/次，禁止使用个人账户和支付宝。

（6）根据认证服务商要求，修改或者完善认证资料。完成之后等待审核，审核通过后，2个工作日内即可开启账号。

具体来说，"蓝V企业号"有优势吗？答案是肯定的，其价值主要体

第一章 | 短视频"红海",内容为王

现在以下三方面:

(1)"蓝V企业号"可享受检索优先。用户在用关键词条搜索相关短视频账号时,一直是按照排名进行优先展示的。此外,很多短视频平台都进行了同步规定,比如在抖音短视频平台上发布的视频内容,可以同步到今日头条的相关账号上。而且,在流量成本居高不下的今天,一些诸如抖音的短视频平台还会提供免费矩阵渠道资源,这能为中小品牌走向市场提供非常好的商机。

(2)"蓝V企业号"可享受播主页面优势。"蓝V企业号"不仅可在顶部添加品牌旗号,而且置顶的内容可以有3条。此外,"蓝V企业号"还可添加自定义h5页面链接,以及官方提供的商城链接。这一规定能让企业在短视频平台上大流量触发用户的产品感知,还可以快速实现产品销售转化闭环。

(3)"蓝V企业号"可享受视频页面优势。"蓝V企业号"可以让企业的产品名称和商标被更多用户熟知,而且还可以上传带有商标的BGM图,就连视频时长也能延长到60秒。这种规定能让企业在用户面前长时间免费曝光产品形态,让营销成本以小见大,最大程度触达更多用户。

可以说,"蓝V企业号"是短视频平台为企业营销开通的绿色通道,"蓝V企业号"可以不受限制地发布广告内容。说到底,企业申请"蓝V企业号"的目的也是为了变现。所以,如何运营"蓝V企业号",就成为了各个企业运营者需要考虑的事情。

"蓝V企业号"发布的品牌广告若想取得较好的效果,最简单有效的方法就是在同一用户群体面前多次曝光。想要成为热点,企业的广告视频就要持续投放1周左右,但每次都播放同一个视频未免会显得单调,所以,"蓝V企业号"的变现主要是通过多种营销推广的方法混合使用来实现的。

第一，发布原生、信息流广告。原生、信息流广告又被称作"硬广告"，包括开屏广告、信息流广告、原声广告、活动发起四种形式。短视频平台通常会留出一个视频空位，企业运营者只需将广告视频简单粗暴地投放在视频空位上即可。而且，短视频平台很少有干预广告内容的行为，只要该广告不涉及违法乱纪的内容，官方就不会过多干涉。

在短视频平台上投放的广告是建立在海量信息之上的，其优势在于原生、定制、简单粗暴、推广率高。而且，短视频官方广告能够实现大部分企业账号难以实现的功能，如插入品牌链接、区域定点投放、年龄群体投放、手机品牌分类投放等。

虽然硬广告运营方法简单，且有一定的平台优势，但投放费用却较高，而且不少用户也比较排斥硬广告。就像很多用户所说，"我刷抖音是来放松的，不是来看广告的。"尽管硬广告播放并不会占用用户太多时间，也不会影响用户的观看效果，但广告形式是用户在潜意识里所排斥的，有时硬广告投放时间太长，反而会起到相反效果。

第二，发布创意广告视频。很多头脑灵活的运营者看出了硬广告的短板，于是想到了一种软广告的形式，那就是制作创意视频。企业运营者会根据企业品牌的调性及抖音平台的传播特性，来确定受众的类型以及企业的人设，并据此发布创意视频。

例如，华为公司在抖音平台上的"蓝V企业号"，就是以一位美女和一位帅哥为主演，演绎两个人之间的趣事或者同事之间的打闹、撩人套路等，在其中穿插一些华为公司的活动、华为手机的新款功能，以及现阶段代言人易阳千玺的酷帅视频。

又如，支付宝公司则喜欢在抖音上卖萌耍宝，通过员工"上山下乡"，街头活动、"马云爸爸"出席活动、雷佳音的有趣互动、支付宝砸"金蛋"等，展现出另一个呆萌可爱的"支付宝"形象。

再如，小米手机和小米商城这两个官方"蓝 V 企业号"，就是通过抖音解锁各种新、奇、特玩法，包括逆光摄影技巧、梦幻星空教程、万圣节妆容、在家拍写真等，让高颜值的小姐姐、小哥哥将这些拍摄技巧通过实际拍摄传递给大家，同时也符合小米公司"一面科技，一面艺术"的写照。

除此之外，"蓝 V 企业号"的运营者还很喜欢在互动区与"粉丝"交流，这种亲民又人性化的传播方式很受短视频平台用户的喜爱。这种软广告的形式在很大程度上弥补了硬广告的不足，也给企业级服务公司提供了一些新的媒体运营思路。

第二章

短视频创业，选准平台很重要

❶ 抖音：高流量、高竞争，原创短视频的主战场

抖音大号"张彩玲"从在抖音上发布视频到爆红网络，再到成为参加商业活动及参加综艺节目的"真人 IP"，一共只用了 4 个月。张彩玲的成功向我们展示了抖音平台对于短视频从业者的优势——成长迅速、变现容易。

为考察抖音大号的成长速度，笔者对所关注的 104 个抖音大号进行了仔细评估，以发布第一条短视频为起点，以短视频稳定达到上万点赞收藏和超过 1 000 条评论为标准，计算这些账号成为大号的平均时间为 7.4 个月。而这当中，又有近 11% 的账号成为大号时间少于 3 个月。

这些数据有力地证明，抖音是一个短、平、快的短视频平台，一个新号以创建半年为一个节点，如果创作者还不能有效地吸引流量，那创作者的视频内容很可能出现了方向性的错误，需要调整视频内容或者选择重开新号。

从这个角度说，在抖音平台发布短视频，创作者所需要支付的沉没成本较少，这种沉没成本既包括时间也包括资金等要素。

抖音的另一大优势在于其强大的变现能力，抖音设置有完全市场化的带货平台，创作者可以与一切抖音小店达成带货协议，而抖音平台作为中

间机构,对创作者和小店双方进行规范管理。这种完全平台化、全公开的带货模式,给了小店和创作者极大的自由选择空间,也因此让创作者几乎可以实现一键变现。

除了网上带货,抖音线下变现也非常容易,如参加综艺节目,进入娱乐圈、时尚圈、文艺圈等。例如,2020年《奇葩说》《天天向上》《快乐大本营》等节目都曾经邀请大量抖音大号上镜,这些抖音大号通过综艺节目成为线下流量名人,进而完成角色转变的屡见不鲜。

意识到抖音的优点,我们也要看到抖音的劣势,那就是门槛过高,因为抖音用户对于内容的原创性有着极高的要求。

下面我们对抖音用户画像进行分析。

抖音用户画像分析

男女比例较均衡,19～30岁TGI[①]高,新一线、三线及以下城市用户TGI高。省份/城市TOP10分布,广东、河南、山东省占比高,郑州、西安、昆明市偏好度高。

性别年龄:男性中19～24岁、41～45岁的用户偏好度高,女性中19～30岁的用户偏好度高。

高低线城市:高线城市中19～30岁的用户偏好度高,低线城市中19～35岁的用户偏好度高。

年龄段:95后中男性占比略高且TGI高;90后中女性TGI高。抖音不同年龄段人群画像显示,85后中女性TGI高,低线城市占比超6成;80后中男性占比高且TGI高。

用户偏好:才艺、生活、美食类视频播放量较高,情感、文化、影视类视频观看增长较快。具体来说,男性用户对军事、游戏、汽车偏好度较高;女性用户对美妆、母婴、穿搭偏好度高;00后对游戏、电子产品、时尚穿搭类视频偏好度高;95后对游戏、电子产品、穿搭类视频偏好度高;90后对影视、母婴、美食类视频偏好度高;80后对汽车、母婴、美食类视频偏好度高。

---

① TGI(target group index)是指反映目标群体在特定研究范围(如地理区域、人口统计领域、媒体受众、产品消费者)内的强势或者弱势的指数。

通过对抖音用户画像进行分析，我们可以得出结论：大多数的商品，如衣物、日用品、食杂等，并不是通过抖音渠道带货的，虽然偶尔有成功案例，但其营销效果必然不如母婴类产品、图书、科技产品等。

另外，抖音用户对于短视频创作者的内容原创性和趣味性要求非常高，抖音用户的内容耐性和容忍度较低，对于那些拷贝自影视作品或者模仿其他视频创作者的作品非常不友好，虽然这些创作者往往也能够获得一定的关注，但几乎无法变现。

笔者调查了抖音上33个剪辑、解读外国影视作品的抖音大号，这些大号无一例外没有任何带货成功的案例，即便能够成功引流，也不过是将抖音流量引导到自己的微博或者微信公众号上，但后续变现依然困难。而这33个大号中唯一能够实现少量变现的，不过是以收费推送电影的模式，将未引入国内市场的影视作品资源转卖给用户，而这种行为其实已涉嫌违法。

综上所述，笔者认为抖音平台对于原创作者尤其是原创素人作者还是比较友好的，且其推广速度快的特点使得试错成本较低，能够帮助短视频创作者节省初期成本。但与此同时，抖音用户对于视频内容的要求比较严格，尤其是对视频的原创性、独特性和可持续性要求几乎是所有平台里最高的，所以不太适合公司大规模多号同时运营，除非能够保证每一个号都能够达到原创程度高、更新速度快的标准。

下面是归纳出的抖音短视频特点，供短视频创作者参考：

（1）短。单一视频时间较短，初始为15秒，后续可延长，但一般在5分钟左右。

（2）小。话题聚焦小事，在某一点与用户达成情感共识，内容很少展开。

第二章 | 短视频创业，选准平台很重要

（3）清。叙事结构简单，表达内容清晰易懂。

（4）新。观点新颖、事件新奇、创意巧妙。

（5）趣。内容趣味性较强。

（6）碎。碎片化内容，很少进行长时间关联。

（7）独。内容独特，原创性较强，多属于创作者个人独创内容。

❷ 快手："土味"原生态，直播卖货首选

"快手主播以10分钟打破皮草单品历史销量……"

"快手主播30分钟卖出泰国半年大米……"

类似新闻不断冲击着人们的眼球，让人们在为短视频商业盛宴狂欢咋舌之际，也不禁羡慕快手主播的非凡影响力和吸金能力。

如果说抖音走的是高门槛路线，那么快手平台则相对更接地气，这一点我们从快手用户画像分析中就能够看出。

快手用户画像分析

男女比例较均衡，男性用户略多于女性用户，用户网络购物需求旺盛，下沉市场基础好，对网购、团购参与度高。

城市：22%为一线城市，30%为二线城市，24%为三线城市，24%为小城市及乡村。

年龄段：61%为25岁及以下，30%为26～35岁，9%为35岁以上。

用户偏好：内容前三为本行、唱歌、戏曲。直播业务中，除了带货外，日常生活展示和闲聊互动内容也同样受欢迎，女性用户更喜欢观看日常生活展示和才艺展示类的直播，男性用户更喜欢看科普教学直播和游戏直播。

购物偏好：餐饮、零售及生活服务为前三类，其余分别为丽人、家具厨具、休闲、服饰等。

通过快手用户画像分析，我们能够看出，快手较之于抖音的最大不同是可以直接通过网络直播卖货进行变现。那么用逆向思维来考虑，也就是快手上应该存在大量关于产品推介、比价、生活小妙招等短视频内容，而经笔者长达 90 天的调查也证实了此推断的正确性。

这一类短视频内容的特点是趣味一般但传播性强，容易被复制但持续发布能力强，且用户可验证性大，因而获得用户反馈能力也较强。

作为短视频创作者，我们可以这么来理解这个特点：用一些简单的、实用性强的短视频来获得用户关注，但一旦获得大量关注之后，就很容易被抄袭和模仿。但与此同时，我们也可以从别的大号内容中寻找素材，借鉴其运营思路和创意，而这是快手平台并不排斥的。

但如果是这样，那么到底是谁的产品能够实现变现？这就要看谁的产品质量和渠道更靠谱、价格更低、发货更稳定、投诉更少、售后能够解决问题。所以，在快手上以产品作为内容进行创业，难点不在于短视频的制作，而在于产品的选择、供货商的合作等方面。

除了以产品为内容的短视频，快手上更多的是一些趣味搞笑、帅哥美女、情感故事、新鲜事猎奇等内容，这些内容各有其不同的用户群体，优点是用户挑剔度不高但黏性较高、用户互动性较强，而缺点则在于一个用户往往关注大量同类的短视频作者，创作者想要在这些竞争者中脱颖而出，只靠内容取胜是不行的，往往还需要另辟蹊径。

以情感故事内容为例，在快手上存在着大量雷同的短视频，可以想象这些短视频出现的背后，一定是某一个情感话题突然火爆，之后被短视频创作者以近乎抄袭的方式分析出拍摄脚本的套路，进而进行无授权、无成本复制。

你可以复制我的，我也可以复制你的，用户无分辨能力或者不加以区分，这使得单纯依靠内容已经无法脱颖而出。在这样的前提下，有些内容创作者转而进行带有个人色彩的原创，让个人生活成为内容的一部分，因为个人生活是最难以被模仿的，这些人最终取得了不错的效果。

以笔者研究的一个快手大号为例，这个大号在最近半年发布的几乎都是带有其家人内容的原创短视频，而在视频中多带出有关于家庭成员相貌、性格特点、职业特征等信息，这些虽然仍然会被模仿者拷贝，但终究是增加了被模仿的难度，保持了一定的独特竞争力。

快手平台的变现方式较抖音平台稍难，但能够变现的价值更高，变现渠道也更加活跃。快手变现的方式主要是带货，此外是广告和店铺推广。以快手平台带货为例，一个有稳定用户群体和较高口碑的大号，每晚的带货价值往往数以百万、千万元计。无论是以坑位费佣金的形式，还是以成交额分成的形式获取回报，这种收益率都是抖音平台远远无法比拟的。

高回报也是快手平台最吸引人的地方，巨额财富以数字形式出现在新闻里，不断冲击人们的眼球，看着这些几年或者几个月之前还是你我一样的普通人，现在每天动辄数万元的带货成绩，自然会在无形中激发起用户的暴富梦想。也正因如此，快手平台才会不断聚集人气，不断出现新的大号站出来挑战既有的快手名人。

综上所述，笔者认为快手平台因其用户特点，虽然可能并非其平台本意，但确实对于团队运作来说会更加友好。团队无论是在内容的大规模创作上，还是在与上游产品厂商的洽谈上，抑或是自检或者监督渠道、售后和进行"粉丝"互动、福利发放方面，其优势都是个人根本无法比拟的。

个人短视频内容创作者，除非其内容有其独特的、无法模仿的特点，否则很容易淹没在团队运作出的浩如烟海的视频当。以才艺展示类短视频为例，个人创作者可能凭借其出色的容貌、动人的歌喉、曼妙的舞姿吸引用户，但一个大型团队很容易同时做出几十甚至上百个同类视频，无论容貌还是才艺都不亚于个人创作者，在这种情况下，个人创作者也就没有任何优势可言了。

下面是归纳出的快手短视频特点，供短视频创作者参考：

（1）下沉。视频内容取材于生活，十分接地气。

（2）快。话题传播速度极快，往往与新闻热点挂钩。

（3）奇。猎奇性强，无论是标题还是叙事方法都有极大的冲击力。

（4）多。海量内容，无论是同类还是异类都有取之不尽的内容。

（5）同。同一类型作品较为同质化。

（6）商。内容与商业活动联系紧密，用户完成商业场景转换速度快。

❸ 西瓜视频：短视频 + 资讯，从泛娱乐到泛生活

使用今日头条 App 的用户会注意到一个现象，那就是点开一个视频链接之后，往往会有一个是否跳转到西瓜视频的选项，而这个西瓜视频便是字节跳动下属的另一个短视频平台。

字节跳动以大名鼎鼎的抖音出名，那么在已有抖音的前提下，为什么还要做一个西瓜视频？原因就在于差异化市场决策上。

相对于抖音的用户群体，西瓜视频平台的用户群体要下沉一些，我们可以直接理解为西瓜视频并不是在和抖音抢用户，而是在和快手抢用户。这一点，我们从西瓜视频用户画像就能窥见一二。

> **西瓜视频用户画像分析**
>
> 男女比例较均衡，男性用户较多于女性用户，用户青睐直播，直播观看度高，网络购物需求旺盛，对带货参与度高。
>
> 城市：20%为一线城市，22%为二线城市，26%为三线城市，32%为小城市及乡村。
>
> 年龄段：20%为36岁及以上，70%为19～35岁。
>
> 用户偏好：内容前三为美食、生活、汽车，日常生活展示、直播和影视剧分享的内容也同样受欢迎。
>
> 购物偏好：服装、餐饮、零售为前三类。

从上述对西瓜视频用户画像分析中我们可以看到，西瓜视频的用户群体和快手用户群体基本重合，而且两者都非常支持内容创作者的直播行为，可以说是直接竞争对手。

那么，对于内容创作者来说，西瓜视频又有着怎样的优势和门槛呢？

首先，西瓜视频的传播和变现都比较容易。因为同出自字节跳动下属，使得西瓜视频自然形成了一个内部传播的信息环境，创作者制作一条短视频，其用户可能来自西瓜视频，也可能来自字节系的其他媒介，如今日头条等，这等于是给了视频创作者一个更广阔的展示平台。而且，西瓜视频对于"带货"、直播都是非常鼓励的，只要内容创作者能够拥有吸引用户的影响力，那么实现变现对于内容创作者来说便不是难事。

其次，2019年西瓜视频推出了"西瓜大学""头号英雄"等带有话题性质的分享活动，这就给了普通内容创作者搭乘"顺风车"的机会。在一个热门话题上，利用热度创作自己的内容，这无疑要比硬生生制造出一个热门视频容易得多。而西瓜视频这种话题分享行为，从本质上也是一种对于中小内容创作者的扶持。

当然，凡事有利必然会有弊，西瓜视频也有对内容创作者不怎么友好的一面。

其一，字节跳动拥有强大的大数据处理能力，经过算法分发的视频内容会将创作者固定在一个用户池当中，这就必然会导致极为激烈的同质化竞争。因为用户下沉较为严重，所以用户对于内容原创的要求比较低，一个视频是来自于创作者还是模仿者对于大多数西瓜视频用户来说并不重要，更不用说还有大量的标题党、封面党，这些视频的存在，对于真正的内容创作者来说都是极大的打击。

其二，随着西瓜视频引入各种正式媒体，如免费电影、电视剧等，也给内容创作者带来冲击，毕竟对电视剧剪辑加旁白的再编辑视频，终归是没有免费的电视剧更吸引人。

其三，西瓜视频的用户黏性非常差，单一用户净值较低，这就导致了一个赢家通吃的现象。简单来说就是，西瓜视频的头部流量拿走了绝大多数的收益，而大量的中小视频创作者却往往处在"温饱"的边缘。

与西瓜短视频类似的还有字节跳动旗下的另一个短视频App"火山短视频"，这个以唱歌跳舞、帅哥美女才艺展示为主的视频平台，对于内容创作者来说也有着门槛低、重复率高、赢家通吃的问题，如果没有办法成为头部流量创作者，那么短视频创作者的收益很可能是没法与其付出形成正比的。

❹ 微信视频号：背靠大树好乘凉

2020年，越来越多的人开始关注起微信上的一个新功能——视频号，这个以社交场景中分享短视频为主要功能的微信内置应用，正式宣告腾讯公司大举进军短视频市场。

从 QQ 开始，腾讯公司就一直牢牢占据社交媒介的头部位置，而嫁接在微信中的微信支付，更让腾讯公司与国人几乎每一部手机都连接在了一起。因为本身就有着大量的活跃用户，这便给嫁接在微信使用环境中的视频号提供了天然的便利——用户基础量。

也就是说，微信视频号的初始用户池要远远高于其他短视频平台，如此庞大的基础用户数量，对于短视频创作者来说当然是最大的利好消息。

但是这里也有一个问题，那就是我们不能天然地将微信用户等同于微信视频号的用户，虽然两者的过渡上可以实现无转换场景的对接，但读者可以以自身为参考，试想当你在使用微信时，有几次会从使用微信的聊天或者转账功能过渡到使用微信视频号功能呢？

2020 年 6 月，有数据机构公布调研称，微信视频号使用者日均活跃量超过 2 亿人，与此同时，微信的月均活跃量在 11.5 亿人，然而这个数据的可靠性却值得怀疑。

我们以最简单的方式进行一下身边调查，先点开个人微信中的视频号界面，我们能够看到自己的微信好友都为哪些视频点过赞；然后再考虑很多人浏览但不点赞的习惯，我们将点赞人数乘以一个较大的倍数，就可以了解到身边人使用视频号的频率；之后根据身边人使用视频号的频率，我们便可大致推断出视频号用户和微信用户的一个真实比例。而这个比例能否达到 1∶6 呢？相比很多读者会得到自己的答案的。

说了这么多关于用户数据的情况，笔者想借此说明的是，对于短视频创作者而言，微信视频号确实是一个用户池非常大的平台，但这个用户池目前看来还没有被完整地开发出来,所以作为创作者就不能不考虑开发这部分用户的难度,以此来横向衡量各短视频平台之间的投入产出比。

不过,微信视频号还有一个功能是其他短视频平台不具备或者说不完善的,那就是熟人之间的推介功能。

因为有微信存在,我们能够很快捷地获得身边好友的短视频动向,在这个优势之下我们能够设想一种场景:某人想要通过视频号设立一个人设,而这个人设本就是他平时留给身边人的一种印象,那么通过视频号在身边群体中的分享,很容易就能够实现这个人设的加固过程,所以这种既有人设的巩固是非常容易实现的。

这个场景对于一些既有人设较为独特的人是有好处的,但是对于想要创造一个与自我反差较大的短视频线上 IP 的创作者来说则是一个相对劣势。

另外,微信视频号从上线到目前这一年多的时间里并没有做太多商业化的尝试,但因为有微信支付这个广泛的应用场景存在,微信视频号一旦做成抖音、快手那样的规模,其变现的可能性还是非常大的。

综上所述,微信视频号对于短视频创作者来说的相对优势是用户池大、身边传播和支付场景无缝衔接,但相对劣势是用户池大并不代表活跃用户多,而身边传播可能也会产生消极作用。

就目前来看,微信视频号的内容方向比较多,这也是由微信本身的用户群体所决定的,无论是才艺型创作者还是技术型、分享型创作者,都能够在视频号中找到属于自己的一席之地,这又是微信视频号的一个巨大优势。所以笔者认为,作为一个短视频平台,微信视频号目前还是一个不太明确的方向,但其蕴藏的巨大潜力又预示着,一旦微信视频号获得成功,

第二章 | 短视频创业，选准平台很重要

在这个平台上的头部流量，将会获得较之于其他平台所无法比拟的流量来源和变现空间。

❺ 哔哩哔哩：二次元的天堂，知识分享者的乐园

"你们没有在 B 站听过我的'歌'吗？"在一次公开发布会上，雷军曾经这样对现场的听众开玩笑。

所谓 B 站，就是用户对于热门网络视频分享平台——哔哩哔哩的昵称，这个以知识分享、漫画作品创作与发布、圈层文化为核心的网站，几乎火遍了年轻的知识群体，在中文网络世界里，一个大学生没有听说过 B 站几乎是不可能的。

哔哩哔哩的崛起是靠网友自发发布中外各大学开设的公开课开始的，中国顶尖学府如清华、北大、复旦，国外大学如哈佛、耶鲁、剑桥等的公开课视频，在哔哩哔哩上都有一席之地。这样近乎公益性质的分享，让很多中国大学生有了开阔眼界、接触国内外先进教育学者和教学方法的机会，这也因此让哔哩哔哩从根本上就带有了一种"精英"式的文化基调。

也正是因为有着这样的基调，哔哩哔哩的用户人群完全有别于其他视频平台，无论是年龄结构、学历结构、内容偏好，还是消费意识，甚至是对于知识产权的认可程度，哔哩哔哩的用户都会让短视频创作者眼前一亮，觉得这是一个等待发掘的"宝藏"。

> **哔哩哔哩画像分析**
>
> 男女比例较均衡，男性用户略多于女性用户，用户对于知识的需求旺盛，但几乎不参与直播消费。

（续）

> 城市：85% 为一线城市，13% 为二线城市，2% 为三线城市。
>
> 年龄段：90% 为 35 岁及以下，10% 为 35 岁以上。
>
> 用户偏好：内容前三为知识分享、动漫游戏、搞笑视频，用户偏好的性别差异不大，会出现女性也喜欢技术分享，男性也喜欢二次元动漫的情况。
>
> 购物偏好：习惯并认同知识付费，相对于其他视频平台，更认同知识产权。

不过，相对于较高的净值，哔哩哔哩作为短视频发布平台，对于创作者也存在着它的缺陷，那就是变现难度相对较大，获得回报的门槛较高。

天猫曾发布过《二次元 IP 带货力》的报告，报告榜单显示在天猫视频（非完全直播）带货中，"二次元 IP" 的综合带货能力远远超过娱乐明星，而以奥特曼、钢铁侠、海贼王、火影忍者为主的二次元 IP 头部集团，其带货能力更是很多一线大牌明星都望尘莫及的。

上述报告给了我们两个信息：一是作为二次元的"大本营"，哔哩哔哩主要的变现途径也是靠"带货"；二是二次元的头部集团主要还是一些已经形成大众印象的大 IP。而这两点对于普通内容创作者来说都不算"友好"。因为在哔哩哔哩创造一个 IP 来和这些已经火遍全国甚至全世界的 IP 来竞争几乎是一件不可能的事情，而哔哩哔哩又是一个尊重知识产权的平台，因此想要通过内容再编辑，以取巧的方式用别人的 IP 来实现自己的商业目的，在哔哩哔哩这个平台上几乎也是不可能的事情。

与此同时，哔哩哔哩的用户对于那些帅哥美女的才艺表现或者以桥段、脚本的形式演绎的搞笑段子，不能说是绝对排斥，但至少是不会像其他平台用户那么趋之若鹜。因此，这便形成了极大的变现门槛。用同样的精力，内容创作者在其他平台可能已经实现了变现，但在哔哩哔哩可能连成规模的"粉丝"群体都无法形成。

当然,对于变现难的问题,哔哩哔哩也已经逐渐有所认识,所以该平台也在尝试进行一些回馈内容创作者的方式,比较具有代表性的就是内容奖励计划和优秀创作者签约计划。简单来说,就是该平台根据内容的点击量给予创作者一定的奖励,并将优秀的内容创作者签约成为合作伙伴,以此来激励创作者进行创作。

但就笔者看来,对于这种激励模式是否能够真正发挥效果,让平台继续保持内容的产出量和新鲜度还有待商榷,其理由如下。

第一,激励的资金并不是来自用户而是来自平台本身,也就是平台烧钱来激励内容创作,那么这种持续性就值得思考了,而且即便平台有来自广告商的收入,那么广告收入能够有多少,能否抵消平台为维持内容产出而必须要耗费的激励成本?这是必须要算清楚的一笔账。

第二,较之于其他平台创作者的变现收入,哔哩哔哩的激励机制还是显得较少,当没有其他收入来源作为参考比较时,激励的多少并不重要,但当内容创作者有了横向比较的对象时,过少的激励是否还能够起到正面效果就值得怀疑了。

总而言之,就笔者看来,作为一个成熟的视频平台,哔哩哔哩有着其他平台无法比拟的高净值用户群体,这个群体背后的商业潜力是巨大的。但与此同时,开发这个群体的难度却非常大,尤其是对于个人创作者来说,能否坚持到自己的内容被哔哩哔哩买单的那一天,或者说自己的内容能否在海量的原创优质内容中脱颖而出,是创作者不得不考虑的一个问题。

下面是归纳出的哔哩哔哩视频平台特点,供读者参考:

(1)识。视频内容多以知识分享、原创视频为主。

（2）黏。内容用户黏性较高，往往一个视频便能够吸引一大群"粉丝"。

（3）新。提供海内外各种最新的内容，是用户窥视全球的一个窗口。

（4）多。有着取之不尽的海量内容。

（5）难。用户对于直接"带货"有着天然的抵制，变现困难。

（6）低。非精彩内容的视频的完播率较低。

第三章

短视频运营，从注册账号开始

❶ 账号名称："手工耿"这个名字好在哪

账号注册是短视频运营的第一步，从这一步开始，创作者便开始了自己的短视频运营之路。在这一环节中，创作者需要面临各种各样的问题：什么样的名称更能让人记住？什么样的头像更能凸显自己特征？什么样的简介更能吸引人？什么样的定位更容易获得"粉丝"流量……这些问题纷繁复杂，需要创作者一一厘清。

账号名称的选择是账号注册阶段的基本问题，就像人一出生便要及时申报户口时登记姓名一样，创作者在各大短视频平台上注册账号时，也需要先考虑这一问题。

一个好名字，更容易引起他人的注意，也更容易辨识和传播。创作者在短视频运营中，为账号选一个好名字是非常重要的。虽然各大平台都允许创作者随时更改账号名称，但从账号运营稳定性的角度来说，账号名称确定后，创作者最好不要随意更改，尤其是积累了一定量"粉丝"后，更是不建议随意更改账号名称。

那什么样的账号名称才算是好的呢？通过分析各大短视频平台头部创作者的账号名称，我们可以发现这些名称的一些共有特征：

（1）容易记忆。好的账号名称一定要好记，最好能让人过目不忘。"一禅小和尚"这个名字很符合"好记"的特征，如果再结合其视频内容中一禅的可爱形象，记忆起来就更为深刻了。

（2）引人好奇。好的账号名称既要能够吸引他人的注意，也要能勾起他人想要了解它的欲望。"大LOGO吃垮北京"这个名字的重点在"吃垮北京"上，这几个字是很有噱头的，他要"吃垮北京"的什么？他要"吃垮北京"的哪里？他要怎样去"吃垮北京"？用户如果想要了解这些问题，就要时刻关注该账号动态才行。

（3）容易理解。好的账号名称要容易让用户理解，要确保他们第一眼看到这个名称时，就知道账号的内容是什么。"我是田姥姥"这个名字就非常好理解，看过视频内容的用户一下子就会明白这是做田姥姥趣味日常生活的短视频账号。

（4）容易传播。好的账号名称要容易传播，读起来朗朗上口，搜索起来也很方便。"猴哥说车"这个名字，简单易懂，读着顺口，记着也容易，没有生僻字，又好搜索，是很容易传播的。

在了解了短视频名称的这几个特点后，创作者要如何为自己打造一个好的账号名称呢？在确定账号名称时，创作者可以从自身个人特色、内容定位和用户群体等方面入手。

首先，在账号名称中加入一些个人特色是很有必要的，这样能让用户对创作者有一个直观的了解。例如，"胖胖仔""尖下巴的小女生"等账号名称能够让人立即抓住创作者的外貌特征。

其次，在确定账号名称时，创作者需要先考虑清楚自己的账号定位是什么，如果想做某个垂直领域的短视频内容，那不如直接结合领域选取一个关键词放入账号名称中，如"毒舌电影""小侠说电影""无际电影"等

第三章 | 短视频运营，从注册账号开始

都是影视领域的头部自媒体账号名称。

最后，分析用户群体的特征，包括用户的年龄、性别、文化水平，以及他们的生活场景和生活需求，再将这些特征巧妙地融入账号名称中，这也是一种很好的起名方法。例如，"猴哥说车""虎哥说车"等便都是面向有车一族的头部短视频账号。

除了以上这些账号命名方法，一些短视频平台的创作者还利用账号名称可以随时更改这一点，别出心裁地将近期要进行的活动编入账号名称之中，增加吸引用户关注的筹码。这种命名方式一般是积累了一定量的用户后再使用比较好，但很少有头部创作者会使用这种方法——正如前面所说，这样做可能会影响账号运营的稳定性。

结合上面提到的内容，我们再来看一看"手工耿"这个名字究竟好在哪里。

第一，"手工耿"这个名字很符合前面提到的四个特征，好记忆、吸引人、好理解、易传播。一看到这个名字，就知道这是一个手工领域的短视频账号，至于究竟是做什么手工，还要看一看他的视频内容才知道。当用户观看了一条视频内容后，便会进一步明白，原来这是一个姓耿的小伙子，发布自己创作"无用但有趣"发明的短视频账号。由此，再结合"手工耿"这一名称，用户对该创作者的视频记忆就会更为深刻了。

第二，"手工耿"这个名字很切合创作者的个人特色和内容定位，一个有着许多奇思妙想的小伙子创作手工的短视频账号，用这样的名称是非常贴切的。虽然这个名称看上去没有加入用户群体特征的元素，但"手工"这个词本身便已经圈定了特定的用户群体，那些热爱动手创作的用户，大多会被这一名称所吸引，而当真正观看其中的视频内容后，大多数人都会发现这个账号的有趣之处其实并不在于手工上。

未见其人,先闻其名,好的账号名称会让人眼前一亮,在进行内容创作之前,每一个创作者都应该在账号命名这一问题上下足功夫。

❷ 账号头像:光头、西装、黑镜框,辨识度很重要

短视频账号的头像与名称一样,都可以随时更改,但随时更改又很容易给用户造成一些不必要的迷惑,所以,保持账号头像的稳定很有必要,这就要求创作者从一开始便确定好自己的账号头像,不要频繁对其进行更换。

账号头像因为要采用图片,所以创作者最先要考虑的便是图片的版权问题,使用他人肖像作为自己的账号头像很容易出现侵权问题,这一点要尽可能避免;使用涉及敏感内容的图片作为自己的账号头像,也会引发一定的违法违规问题,轻则被平台限流,重则会触犯法律,因此要尽量避免。

在成功规避版权问题后,创作者还需要考虑账号头像的适配度问题。这里说的"适配度",是指账号头像所选用图片的尺寸是否合规、分辨率是否足够、内容是否合适。

不同的短视频平台对账号头像图片的尺寸要求也会有所不同,这一点在上传头像时都会有明确提示。例如,快手头像的尺寸要小于480毫米×480毫米,抖音头像的尺寸要求则是500毫米×500毫米。

由于分辨率的高低会影响头像图片的清晰程度,在设置头像时,创作者最好选用分辨率较高的图片,防止出现账号头像模糊的情况。

内容是否合适指的是头像图片所展示的内容是否合适。因为短视频账

号头像多为圆形，如果选用纯图片内容作为头像，那就要避免图片内容主体偏离圆心，影响用户观感；如果选用图文结合内容作为头像，则要注意图片内容是否可以全部在圆形头像中展示出来；如果用纯文字内容作为头像，则要注意文字数量和排布位置。

此外，很多短视频播放界面的账号头像右下角都会有一个"+"号，所以创作者在选择图片时，还需要避免头像图片下方的信息和文字被遮挡住。

通过分析当前短视频行业头部创作者的账号头像，我们总结出了一些较为实用的账号头像选择建议：

（1）真人出镜创作者。对于真人出镜的创作者来说，任何能够展示自我形象的机会都不应放过，账号头像自然也要用个人形象照，这样用户才会对创作者的账号有更为直观的认知。

在使用个人形象照时，创作者也要结合自己的内容定位来选取合适的照片。例如，培训类短视频创作者选用穿西装、打领带的形象照比较合适；搞笑类短视频创作者用穿睡衣、做鬼脸的形象照显然更合适；美食类短视频创作者选用抱着饭盆的形象照也不违和；健康类短视频创作者自然要晒出自己的身材和职业才更有说服力……

大多数新人创作者使用个人形象照作为账号头像时的初期，一般不会有太好的效果反馈，但只要在后续的内容创作中，把视频内容做好，账号头像就会变成一个窗口，引导更多新"粉丝"关注创作者的内容。

（2）非真人出镜创作者。对于非真人出镜的创作者来说，账号头像的选择更多应与账号内容挂钩，使用视频内容的主人公形象作为头像，也是一种不错的选择。例如，"喵小兔漫画"使用的就是创作者自创的动画形象作为头像，同时也是视频内容的两位主人公，很具有辨识度；"一禅小和尚"同样也使用了视频内容主人公"一禅"作为头像，随着视频内容的火热，"一禅"形象已然成为一个"IP"，其可操作的价值变现空间非常大。

（3）垂直领域创作者。将内容定位于某一垂直领域的创作者，最好将自己的账号头像与垂直领域的内容产生关联，这样才能让用户更好地知道账号所要表达的内容是什么。例如，企业的短视频账号最好用企业的品牌Logo，简洁明了，易于传播；萌宠类短视频账号最好使用萌宠图片，这与使用个人形象照是同样的道理；汽车类短视频账号则可以使用创作者与汽车合影的图片；旅游类短视频账号则可以使用创作者与美丽风景合影的图片。

需要指出的是，相较而言，让账号头像和账号名称产生关联，更有利于创作者实现商业变现。从当前各大短视频平台上的汽车类短视频创作者身上，便能很容易发现这一点。"虎哥说车""猴哥说车""车哥测评""玩车女神""懂车师姐"，这些账号无一例外都用自己个人形象照作为账号头像。一方面这是为了契合其账号名称；另一方面则是为了树立品牌，更好地让创作者个人价值获得提升。此外，使用合影类的照片作为账号头像，还需要注意图像内容的展现问题，本就很小的圆形框中如果塞入太多内容，可能会让用户找不到重点。正因如此，很多头部创作者都没有选用这类照片作为账号头像。

短视频账号的头像是创作者的形象招牌，需要根据创作者的个人风格来确定。短视频运营的最终目的是要实现商业变现，而最好的商业变现就是让创作者自身的价值得到充分展现。从这一角度来考虑，使用个人形象作为账号头像照的确是一种不错的选择。

❸ 账号简介：立好人设，给别人一个关注你的理由

账号简介是对短视频账号创作者的"个人介绍"，但如果花时间去翻查一下那些头部创作者的账号简介，新人创作者可能反倒是不知该如何来写自己的账号简介了。新人创作者如果照猫画虎地模仿那些头部创作者的账号简介写法，最后可能就会白白浪费这一版块。

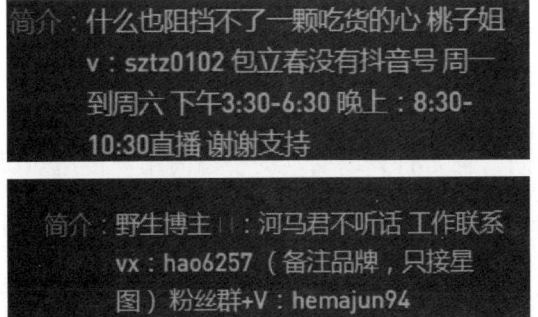

图 3-1　抖音短视频达人"蜀中桃子姐"与"河马君"的账号简介

图 3-1 是抖音上两位不同领域的头部创作者的内容简介，其他头部创作者的内容简介也都大同小异。很明显，这些以商务合作、工作联系为主要内容的简介对于新人创作者确定账号简介并没有太大帮助，这是因为在没有足够多的粉丝积累时，新人创作者是很少能接到商务合作的。所以新人创作者在确定内容简介时，更多还是要以展示个人特色和内容特色为主，给别人一个关注自己账号的理由，而不是一上来就去想着商业变现的事。

在确定账号简介时，以下几点是需要创作者注意的地方：

（1）不违规是必要前提。每个短视频平台对账号简介的要求都有所不

同，但也有一些共性的简介内容是一定会被认定为违规的。除去那些明显违反法律和道德规定的内容，直接在简介中出现手机号、微信号、QQ号等明显联系方式，也会被平台认定为违规。

一般来说，账号简介中一旦含有违规信息，会被平台认定为轻度违规，平台将会直接删去创作者的账号简介内容，在24小时之后，创作者才能重新填写新的简介内容。如果创作者多次出现同类违规情况，并且屡教不改，平台便会将账号认定为重度违规，轻则对账号限流，重则直接封禁账号。账号轻度违规还是比较容易恢复的，但重度违规就很难恢复了，所以创作者一定要注意账号简介的违规问题。

（2）强调自己的与众不同。相比于账号名称，账号简介给了创作者更大的展示空间。你是打算以朋友的姿态向用户传递知识，还是打算以专家的姿态为用户答疑解惑，你和用户的其他"朋友"有何区别，你和平台上的其他"专家"又有何区别，这些都需要创作者在账号简介中说清楚。

创作者没必要在账号简介中长篇大论地介绍自己，和账号名称一样，账号简介的用词越精练，语句越流畅，就越容易被别人记住。需要注意的是，账号简介也只是一扇窗户，真正让用户了解创作者的，还得说是账号中的视频内容。

（3）盲目自吹自擂不可取。一些创作者想要以过来人的身份为用户传递些人生经验，这种账号定位并没有问题，但如果创作者若以过来人的视角，高高在上地去填写账号简介，就很容易起到反作用。

在账号成长期内，新人创作者还缺少足够多的忠实粉丝，盲目自吹自擂很可能不会让用户产生崇拜心理，反而会让其产生抵触情绪。一旦出现这种情况，创作者想要继续增加"粉丝"就会变得十分困难。

第三章 | 短视频运营，从注册账号开始

（4）矩阵账号相互引"流"。账号简介是最为直观的矩阵账号引"流"渠道，创作者可直接在简介中介绍与自己账号相关联的其他账号，如果有几位朋友或者家族成员都在运营短视频账号，那大家便可以互相在自己的账号简介中写入他人账号，以形成账号矩阵，互相引"流"。

但需要注意的是，如果是跨平台账号引流，即想要将自己的快手号"粉丝"引流到视频号、抖音号或者其他短视频平台账号上时，创作者需要注意账号简介的内容是否会违规。毕竟各平台间的竞争关系是很明确的，创作者想要从一个平台向另一个平台引流，想来也会多少受到一些平台的限制。

（5）商务合作与私域流量变现。头部创作者早已积累了足够多的忠实"粉丝"，账号简介对于他们的作用和意义也早已经发生了变化，与其再用这个版块去介绍自己，不如放一些更利于自己商业变现的方式在其中。

"合作+V""商务：xxx_12"这些"外行"看不懂的奇怪句式，是每一个立志用短视频实现价值变现的创作者都要学习和掌握的。比如，在账号简介中直接出现"微信""微博"和"QQ"等字样，大多会被平台认定为违规，而将微信改为"加V"，便可以很好地规避这一情况。

基于这种方式，创作者在累积了足够多"粉丝"后，就可以使用这种方式将短视频平台上的流量引导到自己的微信、微博上，使其成为自己的私域流量，当形成了足够大的私域流量池后，创作者的个人商业价值也就得到了明显提升，后面无论是接广告，还是做电商，都能顺利实现价值变现。

总的来说，新手创作者在确定账号简介时，还是应多注重其对创作者自身和视频内容的宣传作用，而当积累了一定量的忠实"粉丝"后，创作者则可以在账号简介中适当加入一些引"流"渠道，从而帮助自己更好地实现价值变现。

❹ 账号标签："用点手段"让平台给你打出好标签

与前面三小节内容不同，账号标签并不是短视频创作者自己给自己打的，而是由短视频平台来打的。

账号标签可以说是平台对创作者账号的一种印象、一种评价，平台通过分析创作者在平台上的表现，为创作者打上各种不同的标签。

对于新人创作者来说，账号标签是非常重要的，其直接关系到后续短视频运营工作的方向问题。如果从一开始创作者得到的账号标签就是五花八门的，那后面想要集中做某一方面内容，将很难精准、有效地吸引到用户。

试想一下，一位创作者身上贴着"机车控""手工""美食""旅行者""技术宅"等标签，那平台究竟要将他创作的内容推送给哪些用户，是推送给美食爱好者，还是旅游爱好者，或者是手工爱好者呢？平台会很犯难，而用户在看到掌握了如此多专长的创作者时，估计也会陷入沉思：他究竟是干什么的？

账号标签混乱是短视频运营的大忌，许多新手创作者为了蹭热点，会创作一些内容风格不同的短视频，虽然借助热点效应获得了一些关注，但却给平台留下了不好印象。

所以，创作者切忌在短视频运营初期就盲目追热点，而搞乱了自己的账号标签。一旦账号标签混乱后，创作者再想要去挽回就十分困难了。

那么，新人创作者如何在短视频运营之初，就让平台给自己打上一些好的标签呢？新人创作者一般可以从以下几个方面做一些尝试：

（1）不可忽视的账号信息。前面三个小节所提到的内容都属于账号信息，而创作者想要让平台给自己的账号打上想要的标签，还要注意保持账号信息的完整性，以及其与视频内容的一致性。

创作者的账号信息相当于一个自我介绍，不仅用户会关注，平台也会关注。填写完整的账号信息，有利于平台更好地了解创作者，尤其是在创作者还未发布视频内容时，平台会通过账号信息对创作者有一个初步印象。

当创作者发布第一条视频内容时，平台会将创作者的账号信息和视频内容相结合，将视频内容推送给对这些内容感兴趣的用户。所以，为了确保平台能为账号打上好的标签，创作者就必须要确保账号信息和视频内容保持一致。

微信视频号的关注路径与其他短视频平台有些不同，用户暂时没办法通过视频内容直接关注创作者，他们必须要点进创作者的个人主页中才能进行关注。当平台为用户推荐创作者的视频内容后，如果创作者的账号带有用户感兴趣的标签，那么就会很容易吸引他们的关注。

（2）巧用评论赢标签。如果新人创作者想要快速给自己的账号打上想要的标签，除了前面提到的方法，巧妙利用评论吸引平台的注意，也是一种不错的方法。

如果说前面一种方法是规规矩矩地向平台做自我介绍，那后面这种方法就是运用一些手段让平台产生错觉。

当新人创作者发布某一视频内容后，他可以发动身边好友为这条视频内容"刷一刷"评论。当然，这个评论也不是随便刷的，创作者一定要保证朋友所评论的内容与自己的视频内容以及想要的标签保持一致。例如，某位新人创作者发布了一条美食视频,而他想要将自己打造成一名"职场美食家",那他便可以让朋友多刷一些与之相关的评论,像是"简单、方便、好吃""馋了,给我来一份""很适合职场人士,简单美味""上班族最爱美食"……当平台识别到这些高度一致的美食类关键词后,自然会为创作者的账号打上"美食"的标签,而后会将这一视频内容推送给更多对美食感兴趣的用户。

如果能够做到这一点,创作者便能轻松为自己的账号加上想要的标签。但需要注意的是,短视频平台的算法系统也并不傻,如果创作者太过频繁地使用这种方法,就会给平台留下不好印象,到时候平台会为创作者打上什么不好的标签,那就不得而知了。

新人创作者在登录短视频平台后,可以通过平台为自己推荐的视频内容,来大致判断自己的账号被平台打上了什么标签。如果平台为创作者推送的都是同一垂直领域的视频内容,那创作者的账号有很大概率已经被平台打上了相关标签。但如果平台为创作者推送的是各个领域、杂七杂八的视频内容,那创作者就要仔细想想自己的账号标签是不是已经混乱了。

❺ 账号定位不明,10万"粉丝"不如1万"粉丝"价值高

定位问题是短视频运营的关键问题,可以说是短视频运营之路中创作者需要迈出的关键一步。其中,内容定位和用户群体定位是两个最为重要的定位问题,如果打算通过树立个人品牌实现价值变现,创作者则还需考虑 IP 定位的问题。

(1)内容定位。内容定位就是创作者要做哪方面的内容,这是短视频

运营的基础，前面提到的一些账号信息问题，与内容定位是相挂钩的，创作者需要将这些问题汇总到一起去思考。

将账号内容定位在某一垂直领域，创作和发布的视频内容也多围绕这一垂直领域，即使要与热点事件相关联，也不要跨越出这一垂直领域，这是一种直接有效且已经得到实践验证的内容定位方法。

例如，某位创作者将账号内容定位在音乐这一领域，那他的账号信息就要与音乐有关联，账号名称、账号头像、账号简介都要围绕音乐这一内容定位去做，账号标签页也要尽量与音乐相关。创作者在发布视频内容时，可以带上音乐、歌词、演唱会、歌手等关键词；在内容表现上也要围绕音乐去做，如分享歌曲、教授乐理、发布原创音乐……这样平台就容易为账号打上与"音乐"相关的标签，后期积累"粉丝"流量、实现价值变现也就会更加容易一些。

点开各大短视频平台上头部创作者的账号主页，可以发现，这些创作者发布的视频内容风格基本一脉相承，无论是内容的呈现形式，还是故事主人公的个人风格，都没有太大的改变。

点开"李子柒"的账号主页，你会看到她的所有视频内容都是田园风格的，她的穿着打扮也充满了中华传统文化气息。试想一下，哪一天"李子柒"走入大城市，先换上职业女性装扮，再动手做一道菜，那账号的整体性就会被打破，平台和用户也会很难接受这种转变。"李子柒"的成功也告诉我们，如果想要成功运营短视频，就要在一个垂直领域中深耕，而那些想要在某一领域积累"粉丝"，而后又转到另一领域去实现变现的想法，既不现实，也不可靠。

（2）用户群体定位。用户群体定位就是创作者想要把视频内容给哪些人看，不要说"每个人都是我的用户"，在短视频运营中，这种表述毫无意义,每个人都是你的用户,那就相当于每个人也都不是你的用户。

用户群体定位与内容定位存在很大关联,没有哪一内容能够吸引所有人,这也是为什么说"每个人都是我的用户"这句话毫无意义,所以创作者在确定用户群体定位时,一定要清楚自己的视频内容能吸引哪些人,或者说在确定了要吸引哪些人后,再决定自己要做什么内容。

当然,也有创作者能够靠着个人能力为自己吸引来拥有各种兴趣爱好的"粉丝",在其意识中,"粉丝"数量当然是多多益善才好,只局限在某个领域去吸引"粉丝",无异于"自断财路"的做法。

眼看着自己的"粉丝"数量飞速上涨,但一到价值变现时,创作者便傻了眼:为什么拥有10万"粉丝"的自己,变现能力却没有1万"粉丝"的人强呢?

10万"粉丝"不如1万"粉丝",是因为10万"粉丝"的创作者并不够"忠诚",或者说他们的用户并不是因为相同的兴趣爱好聚集在一起的,有的人喜欢宠物,有的人喜欢科技,有的人喜欢动漫,那创作者要怎么让这些人愿意为同一件商品来掏钱呢?

这便是用户群体定位不明所导致的价值变现困境。当然,对于大多数新人创作者来说,用户群体定位不明更为直接的问题在于创作者根本没办法积累起"粉丝",别说10万"粉丝",就连1万"粉丝"都很难积累。

(3)IP定位。IP定位就是创作者先为自己确立一个人设,或者说创造一个IP形象,然后通过不断加强IP人设,明确IP角色,以此同用户和"粉丝"进行沟通和交流。例如,"初音未来"这位从无到有的虚拟偶像为何会受到众多粉丝的追捧?其原因就在于她已经变成了一个"IP",而其他新出现的虚拟偶像还只是一个虚拟影像而已。

又如，提到抖音创作者"代古拉K"，你会先想到的什么？一个富有感染力的治愈系微笑！没错，她不是舞蹈创作者中身材最好的，也不是舞蹈领域中长得最好看的，更不是跳舞跳得最好的，但她却是笑得最有感染力的，所以这一鲜明的特征就成了她的标志，也成为了她"火"起来的理由。"代古拉K"的IP定位就是一个笑起来很温暖的小姐姐，一个很有感染力的活力女孩。其背后的MCN机构洋葱集团负责人曾透露过选择她的原因：在这个盛产"网红"的社会，那些看起来高冷、长腿、丰满的美女，大家已经司空见惯了，反而一个长相普通却拥有温暖笑容的女孩能轻易打动人心。

IP定位更多是创作者独特优势的展现，你所具备的优势别人没有，或者完全比不上你，你在这方面就是绝对的王者，那么你便可以在每一条视频的拍摄中无限放大这一优势，并将其打造成自己的"招牌"。

❻ 深耕垂直领域，早晚会有收获

在确定账号定位后，创作者还需要搞清楚自己究竟"擅长做哪一方面的内容"，这是后续开展内容策划、制作短视频的重要前提，如果搞不清楚这一问题，后续的工作也就无从展开。

如果创作者擅长做菜，那可以选择做与美食相关的短视频内容；如果创作者喜欢宠物，就可以做萌宠类短视频；如果创作者像"手工耿"一样拥有一技之长，那就可以选择用短视频将自己的技艺展现给大家……无论哪种兴趣爱好，都能在短视频平台上找到自己的一席之地。

图3-2是短视频平台垂直领域分类图。

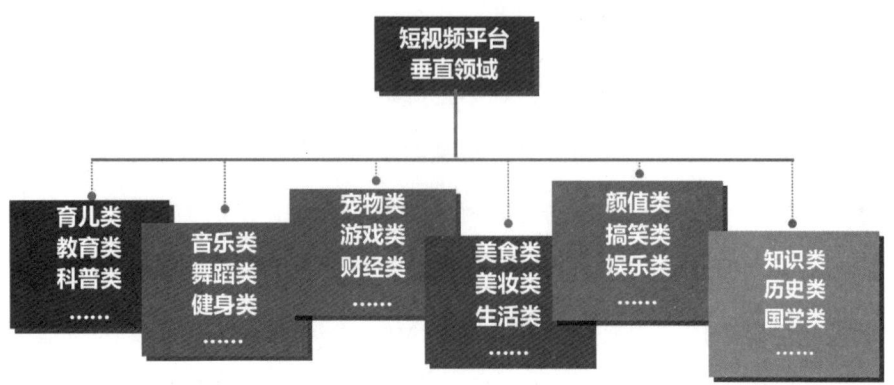

图 3-2　短视频平台垂直领域分类图

在选定自己擅长的内容后,还不能直接开展内容策划工作,在这之前,创作者需要先观察一下短视频平台上同类内容的比重有多少,然后根据观察分析的结果来做出自己的判断。

如果短视频平台上同类型内容太多,并且头部运营者已经积累了较大量级的"粉丝",那创作者就要谨慎考虑自己的内容,究竟是与对方存在较多的重合之处,还是在重合之外有一些独特的细节。

重合度较高时,创作者就需要重新考虑自己的内容定位,即使这一内容是自己擅长的,最后也有可能会因无法与头部运营者竞争而处于一种不温不火的尴尬境地,不仅无法顺利实现价值变现,还可能会影响到自己的创作积极性。

当然,如果创作者的短视频内容与其他运营者相比存在一定的独特之处,那么创作者就可以去试着深耕这一内容。虽然从类型上来看,短视频的内容都大致相同,但在具体的内容风格和细节上,如果创作者能拿得出独特的东西,就会受到"粉丝"的青睐和追捧的。

汽车类账号是短视频领域中的重要垂直分类,有很多运营者深耕于这一领域,在具体的内容形式上,汽车类账号主要有以下几种:

第三章 | 短视频运营,从注册账号开始

（1）介绍各类汽车的相关信息。这类账号将内容聚焦在汽车本身,在较短时间里,向用户介绍某类汽车的基本信息,其内容较为精练,可以让用户很快抓住重点信息。

"虎哥说车"是这类账号的典型代表,在"虎哥说车"发布的短视频中,"虎哥"光头、西装的形象和幽默、干练的作风深受"粉丝"喜爱。因为这类账号是对汽车基本信息的介绍,所以其主要"粉丝"为对汽车感兴趣的男性。

（2）分享各类与汽车相关的实用知识。这类账号将内容重点移离汽车本身,而将专注点集中在与汽车相关的实用知识和技巧上。"车钥匙没电怎么开车门""汽车行车记录仪要怎么选""车被挡住了怎样快速挪车"……这些实用性内容搭配故事化的剧情演绎,可以让观众在欢笑中获得知识。

"懂车侦探"(见图3-3)、"老丈人说车"(见图3-4)是这类账号的典型代表,因为跳脱出汽车本身,"懂车侦探"所覆盖的用户范围变得更为广泛,像是"小区物业不合理收取停车费"的视频内容,不只是对汽车感兴趣的人喜欢看,就连还没有车的人也会关注一下,储备些知识。

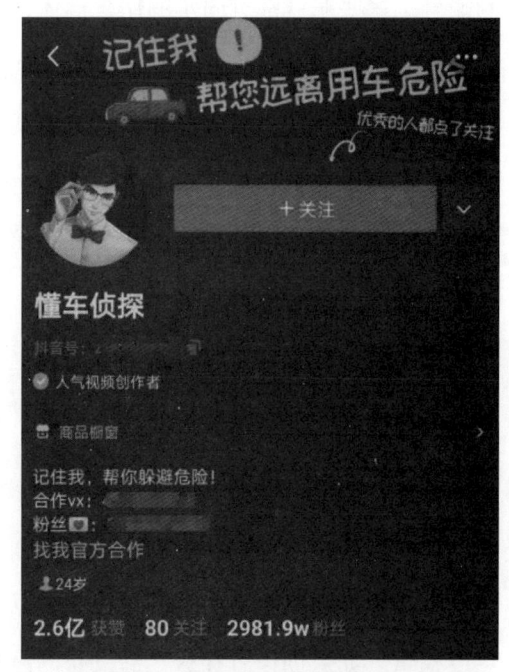

图3-3 "懂车侦探"抖音账号截图

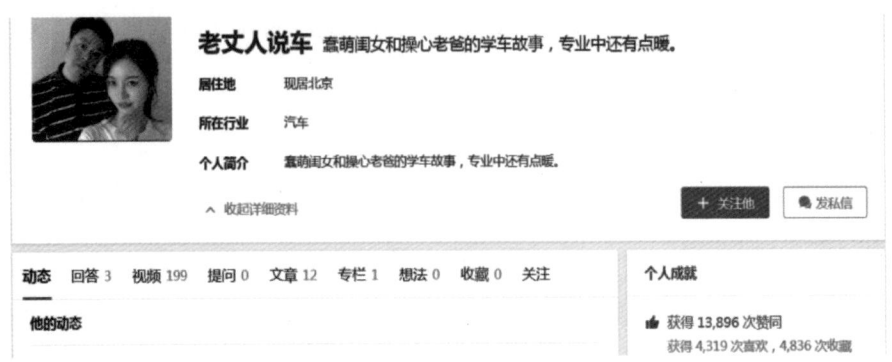

图 3-4 "老丈人说车"知乎资料

（3）汽车行业从业人员的职业展示。这类账号主要是汽车相关从业人员进行职业展示所用。例如，"凌教练"就是专门为驾照考试的人提供针对性内容指导的账号；而"车手 AF"则是专业赛车手展示各种精湛车技的账号。这些账号都有固定的用户群体，虽然"粉丝"体量不如前面提到的同领域账号，但也是做出了一定成绩的。

总体而言，从当前的形势来看，未来还会有更多的账号涌入汽车相关领域之中。在头部账号已经积累巨量"粉丝"、细分内容也即将被开发殆尽的情况下，如何通过创新内容、创新表达，开展差异化竞争，将会是每一个后来者面临的重要课题。

各大短视频平台对垂直类细分内容是非常重视的，对于持续创作相关内容的运营者，会给予较大的扶持力度。相对来说，创作者坚持发布同一垂直领域的内容，更容易获得短视频平台的推荐和流量支持。

但需要注意的是，如果创作者发布的垂直领域内容成为热门视频，创作者就必须继续更新这一类的短视频，以保持相关内容在短视频平台上的热度权重。如果创作者在这之后发布的内容偏离了垂直领域，且与之没有任何相关性，那短视频平台就不再会对其视频内容进行热门推荐，甚至会降低其热度权重。

短视频平台上的这一机制主要针对的是"蹭热门"的创作者,创作者所发布的内容并不局限在某个固定领域,而是时刻追逐热点,妄图以此来获得巨量关注。这种"蹭热门"的内容在短时间内确实容易累积点赞和评论,但当热度过去后,这些创作者所发布的内容又会变得无人问津。

所以对于想要做好短视频内容的创作者,并不建议采用这种缺少远见的做法。即使是短视频运营的初学者,只要能始终在垂直领域中做内容,不断优化内容质量,也是有机会获得推荐、创造热门视频的。

此外,由于是深耕细分领域,创作者所发布的内容就会或多或少产生内在关联,这时为获得更好的关注体验,"粉丝"还可能会去翻找创作者前面发布过的视频内容,从而在整体上增加全视频内容的曝光量。

❼ 账号权重,让视频上热门的关键

短视频的账号权重与网站的权重很相似,网站的权重越高,发布的文章内容被搜索引擎收录的概率就越大;而短视频的账号权重越高,其发布的视频内容的曝光度就会越高。

账号权重是一项数值,但不同的短视频平台对这一数值的划分有所不同。例如,有的平台上短视频账号发布的视频内容播放量达到1万次,才能成为热门视频,得到推荐;而有的平台上短视频账号发布的视频内容播放量只要达到8 000次,便能得到热门推荐。

虽然各短视频平台对热门视频播放量的认定有所不同,但短视频账号权重高低对短视频推荐度的影响，在各平台上却都是相同的。

如果创作者的短视频账号权重过低，那么其所发布的视频内容能够获得的初始推荐量就会很少，如此一来，这一视频内容就很难被更多人看见；如果创作者的短视频账号权重比较高，那么其所发布的视频内容能够获得的初始推荐量就会很高，这样视频内容的传播效果就会更好。

短视频创作者究竟要怎样知晓自己的账号权重呢？那些已经发布了一些视频内容的创作者，可以通过分析这些视频内容的播放量，来估算自己的账号权重。

（1）无权重账号。无权重账号也可称为"僵尸号"，如果创作者发布了几条视频内容，但没有一条视频内容的播放量能达到100次，那基本可以断定，该账号已经被平台认定为"僵尸号"。

这类账号一点权重也没有，平台不仅不会给这类账号流量，还会限制其流量。如果创作者连续1周发布新视频，却没有一条视频内容播放过百次，那不如放弃这一账号，重新申请一个账号从头做起。

（2）低权重账号。低权重账号得到推荐的概率也很小，这类账号发布的视频内容播放量一般维持在100～200次，属于仅次于无权重账号的一类账号。

相比于无权重账号，低权重账号还有奋力一搏的机会，如果在1周之内，创作者发布的新视频播放量能够超过200次，并且有向1 000次上涨的可能，那平台便可能重新评估这一账号的权重。当然，如果半个月或者更长时间内，这个账号发布的视频播放量都超不过200次，那平台就会将其降为低权重账号。

（3）待推荐账号。待推荐账号的权重要比低权重账号高许多，其会从平台那里获得较多的推荐流量。一般来说,如果创作者发布的新视频播放量能够维持在 1 000 次以上,那平台会很乐意将其推荐到更大的流量池中。

当账号成为待推荐账号时,创作者需要再接再厉多发布一些更高质量的视频内容,努力提升视频内容的播放量和点赞量,如果视频内容的播放量可以达到 10 000 次以上,那这一视频内容距离成为热门视频也就只剩一步之遥了。

(4)待上热门账号。待上热门账号属于权重较高的一类账号,创作者不仅需要持久稳定地更新视频内容,还得确保这些视频内容的播放量稳定在 10 000 次以上。

能够成为待上热门账号,意味着平台认可了创作者的视频内容,愿意将其推荐到更大的流量池中。但这并不是说这些视频内容就真的能够成为热门视频,想要做出热门视频来,创作者还需要继续提升视频内容的播放量和点赞量,进一步增加自身账号的权重才行。

了解了这些基础的账号权重划分,新手创作者要如何从零开始提升短视频账号的权重呢?

首先,内容自然是第一位的,视频内容的好坏会对账号权重产生重要影响。这里所说的视频内容好坏包括视频内容的垂直度、原创度、持续性、标签匹配度、"粉丝"活跃度等要点,并不是创作者觉得是好内容,平台就会将其认定为好内容。

其次,账号的基本信息也会影响到账号的权重。一个基本信息都没填全的账号,肯定不如各项信息都完善的账号更受平台认可。账号信息除了前面提到的一些内容,还包括是否通过实名认证,此外,创作者最好在一部手机上使用一个短视频账号,不要频繁更换账号,这也是提升账号权重的一个要点。

最后,千万不要违规。创作者在运营过程中,出现违规行为,将会严重影响账号权重,轻则导致账号中途降权(视频播放量几千次,却被平台认定为低权重账号),重则直接封号。

相比于从零开始提升账号权重,提升被降权账号的权重要困难得多,一旦账号被限流或者封号,那创作者就不得不做最坏的打算——重新申请账号,这意味着一切就只能从头再来。

❽ 什么样的账号会被限流、封号

短视频平台不会平白无故就将创作者的账号限流,更不会一上来就将其账号封禁,但如果创作者不主动规避可能发生的违规行为,那平台很可能在创作者尚未察觉的情况下,发现创作者的违规行为,并对其账号采取限流或者封号的举措。

限流是指限制账号获得流量。这是一种最为常见的账号违规处理方法,对于短视频创作者的影响非常大。

封号是指直接封禁创作者账号。这种违规处理方法一般只用在特殊情况下,其对于短视频创作者的影响可以说是毁灭性的。自己辛辛苦苦积累了上万"粉丝",却因一次违规而被平台封号,这种情况是大多数人都难以接受的。

在被封号后,创作者想要重新找回自己的账号,成功的概率也非常低,所以短视频平台的封号处罚,基本上也就相当于为该账号判了"死刑"。

一般来说,创作者的以下几种行为会被平台认定为违规,并将给予警告、限流、降权等处罚：

（1）抄袭他人作品内容。如果创作者将他人发布的视频内容搬运过来，当作自己的内容在平台上发布，将会被平台认定为抄袭。当然，并不是说所有的搬运行为都会被认定为抄袭，对不涉及版权的视频内容进行再创作，便不会被认定为抄袭。

现阶段，为响应国家对知识产权的保护政策，各大短视频平台对视频内容雷同和抄袭的查处非常严格，一旦被认定为抄袭，平台会减少给予创作者账号的流量支持，严重的还会直接封禁账号。

（2）涉及广告宣传内容。为有效实现价值变现，创作者在短视频内容中植入广告无可厚非，但如果被平台认定为涉及广告宣传、营销意图过重，那账号也将可能会被限流、封号。

头部创作者很少会直接利用视频内容做营销，一方面是为了避免违规风险；另一方面则是防止引发"粉丝"厌恶情绪。新人创作者因为"粉丝"积累还不足，也没必要在视频内容中植入广告。许多新人创作者无意间的广告植入行为，如视频内容有水印、二维码、联系方式等，会被平台认定为违规，所以新人创作者一定要多注意自行规避无意间的违规行为。

（3）传播消极内容。创作者传播消极内容、发表负面观点，也会被平台认定为违规。一些创作者在发布诸如交通事故、刑事案件内容时，总是喜欢加入自己的偏激评论，妄图以此来吸引关注。事实上，他们的这种行为不仅难以吸引用户关注，反而还会被平台判定为违规操作。

短视频平台是支持思想自由、言论自由的，但这并不意味着创作者可以在平台上随意发表一些不负责任的言论。将自己的不良情绪融入视频内容中传递给他人，很可能会造成一些难以挽回的后果，这也是平台严厉打击此类行为的一个原因所在。

（4）出现敏感词汇。在视频内容中出现敏感词汇后，平台最初会提醒创作者修改，尤其是视频内容的文案，出现敏感词汇会马上被平台指正。但平台没办法仔细审视创作者每个视频内容的每个片段，一旦创作者发布的视频内容中出现敏感词汇、敏感画面，那平台会立即将其下架，严重的还会直接封禁创作者账号。

（5）账号信息不规范。除了上面提到的这些比较容易被创作者注意到的违规行为，在短视频运营过程中还有许多不太容易注意到的行为，如账号信息填写不合规，这些行为也会被平台认定为违规行为。

账号信息填写不合规，会导致创作者在发布视频内容前，就被平台限制流量，这是一种隐形的违规处罚，对于创作者的影响非常大。一些创作者发布的视频内容明明很好，但每条视频内容的播放量却都只有几百次，这时创作者就有必要检查一下自己的账号信息填写的是否规范。

（6）视频内容质量低。视频内容质量较低是在前面几个问题之外，影响账号流量的一个重要问题。创作者发布的视频内容类型太多、太杂，视频清晰度太低，视频内容过短……这些都属于视频内容质量较低的范畴。

创作者发布这类视频内容虽然算不上违规，但却也会被平台限制流量，毕竟流量是有限的，还有更多的好内容等着平台去分配流量，这些连基础内容都没有做好的账号，自然会被平台所抛弃。

账号被认定为违规，并不意味着创作者就不能再继续运营该账号，创作者可以通过一些合理方法挽回流量、解除限制。但由于之前已给平台留下了不好的印象,后续平台是否会重新支持创作者,还要看创作者能否付出更多的努力。与其这样,创作者倒不如在违规之前多加注意,避免违规情况的发生。

第二篇　基础篇

动手创作属于自己的短视频

第四章

构思选题，策划内容，制订计划

❶ 用户都喜爱观看哪几类视频

当下，很多创作者都想通过短视频实现内容变现，但在面对诸多短视频内容时，却不知该选择哪一个。

单从内容创作角度来讲，短视频创作者其实不必如此纠结，选择自己喜欢的、擅长的内容去做就好了。但如果要用短视频内容去进行商业变现，那就不得不考虑一下市场和用户的需求。

如果创作者擅长的内容和喜欢的内容可以匹配，而这一内容又能够获得市场的认可与用户的追捧，那么以这一内容来创作短视频，无疑是最好不过的。但如果不具备这种先天优势，那么创作者就要更多考虑一下"以用户为取向"的内容创作模式了。

短视频内容选择与其他媒体内容定位类似，即只有那些相对独特的、稀缺的内容，才能获得高流量、高关注；反之，如果短视频的内容不够独特、不够稀缺，那么创作者就必须通过其他手段方法，与众多同类内容创作者展开竞争，来争取用户关注，获得更多流量。

根据中国网络视听节目服务协会发布的《2020中国网络视听发展研究报告》显示，不同群体用户喜欢收看的短视频节目类型各有不同，其中搞笑类短视频内容的受欢迎程度最高，紧随其后的是美食、影视、生活技巧、游戏和教学等短视频内容。

第一，搞笑类。搞笑类内容在各大短视频平台上都很火热，这与当下人们生活压力较大，缺少必要的情绪宣泄渠道有很大关系。无论是搞笑电影的片段剪辑，还是原创搞笑短剧，都很受欢迎。各大短视频平台为了持续吸引用户，也会为那些优质搞笑内容提供更多流量支持。

第二，美食类。美食类内容也是各大短视频平台上的爆款视频，对于中国人来说，美食具有天然的诱惑力，一条"色香味俱全"的美食短视频，即使无法让用户亲自品尝其美味，也足以让用户浮想联翩。无论是以常规教学为主线，还是以创意做法博关注，美食短视频在当下各大短视频平台都能够获得一席之地。

第三，影视类。影视类内容虽然不及搞笑类内容那样受关注，但对于用户的影响力却不容小觑。当前许多院线电影都会通过短视频进行宣发，也正是看中了这点。除了影视明星和电影出品方会发布一些影视宣传短视频，一些创作者还会通过影视作品剪辑、原创微故事短剧等方式进行影视类内容创作。

第四，生活技巧类。生活技巧内容属于生活类短视频的一个分支，这是短视频平台上门槛最低、参与者最多的一类短视频内容。只要用手机随手一拍，生活中的精彩片段便会被记录下来，在简单操作上传后，创作者便可以将自己创作的内容分享给其他人。这类内容不同于对生活片段的简单记录，其主要以生活小窍门、生活小妙招来吸引用户，更多的是一种生活知识的分享，属于生活类内容之下的一个垂直领域内容。在生活节奏越来越快的当下，用户对于这类"让生活变简单"的视频内容会更感兴趣一些。

第四章 | 构思选题，策划内容，制订计划

第五，游戏和教学类。与生活类内容一样，游戏和教学类内容之下也有许多细分的垂直领域内容，仅游戏类内容就有游戏教学短视频、游戏攻略短视频、游戏评测短视频、游戏混剪短视频等多个细分类目，更不要说教学类内容，无论是从教学具体方法来分，还是从教学具体内容来分，都可以划分出相当多的细分内容来。

短视频平台中的内容分类并不止上面列举的这些，想要一一细数各种内容，也并不是件容易的事情。创作者在开展短视频内容创作之前，还是应该从自身出发，同时将目光定位在用户需求上，这样才能确定好适合自己的短视频内容类型。

当然，选择了更为火热的短视频内容，并不意味着就能因此获得更多用户关注和更多流量，创作者想要在内容竞争上取胜，还需要在短视频内容主题上多下些功夫。

❷ 官方公认的 6 种高流量短视频内容主题

短视频的内容主题是创作者在确定短视频内容后必须要思考的问题，朝着什么方向去做内容？怎样去做内容？回答好这些问题，创作者也就找到了短视频的内容主题定位。

快手账号"戴博士实验室"的运营者戴伟，他所做的短视频都以化学实验为主要内容，而在具体的内容主题上，他选择了"趣味科普"。"大象牙膏""穿云箭""法老之蛇"……他将各类简单的化学实验重新设计，制造出了许多有趣的化学实验场景，为孩子们提供了一种化学学习的新方法。

与戴伟一样，李子柒的短视频内容主题也很明确，她的美食类短视频

以"田园生活"为主题,既与其他美食类内容创作者有所区别,又突出了自身的特色及优势。

在对各短视频平台上头部创作者的短视频内容进行比对分析后,笔者发现爆款短视频所具备的6大内容主题。这6大内容主题不仅能够更好地激发用户产生共鸣,还能从平台获得更多的流量支持,它们分别是热点、笑点、泪点、知识点、正义点、冲突点。

第一,热点。热点很好理解,就是时下社会中的热点事件或者热点话题。例如,在春节这一时间点上,美食类内容创作者可以做一些春节团圆年夜饭类短视频,生活类内容创作者可以做一些春节团圆故事短视频,教育学习类内容创作者则可以做一些春节习俗科普类短视频……许多短视频内容都可以应用到这一主题。

第二,笑点。笑点就是通过内容让用户笑起来,这并不只是搞笑类短视频独有的内容主题,游戏类、生活类、影视类等领域的短视频都可以融入一些喜剧元素,凡是带有笑点的短视频,都很容易能够吸引用户驻足观看。

第三,泪点。与笑点相对的是泪点,既然让用户大笑可以帮助创作者获得流量,那让用户大哭也同样可以。无论用户是哭是笑,只要所创作的短视频能够让用户动情,吸引用户的持续关注就足够了。

第四,知识点。知识点主要是知识内容的分享,相对来说,搞笑类内容很少会选用这一内容主题,而教育学习类内容则多以这一内容主题为主。并不是说所有短视频内容都要充满知识性,但在搞笑的同时,又为用户分享一些知识,显然更容易获得用户的好评。

第五,正义点。正义点也可以解释为正能量,主要是表现积极向上的一面。生硬的为内容赋予正能量主题,很容易引起用户的反感。创作者在应用这一内容主题时，需要仔细考虑如何"润物细无声"地将正能量注入内容之中。

第六，冲突点。在这些内容主题中，冲突点可能是最不好理解的一个。冲突点是指在内容中制造冲突，这种冲突就如影视剧中的冲突一样，可以是一种噱头，也可以是一种反差，其目的就是吸引用户的关注，让内容更具有可看性。例如，抖音账号"我是田姥姥"主打生活短剧，依靠姥姥与外孙的生活日常吸引用户。基本在每一期视频中用户都可以看到姥姥与外孙的"冲突"，在这种"冲突"之中，田姥姥朴实幽默的个性特征被展现得淋漓尽致，田姥姥也借此收获了许多用户的喜爱。

好的内容方向，配上好的内容主题，就有了好的内容创作开端。当然，创作者除了要迈好短视频内容创作的第一步，还需要从其他方面去完善自身的内容创作。

❸ 紧扣时代主旋律脉搏：用正能量热点故事激发真善美情怀

在 2019 年的全国短视频创意峰会上，许多参与峰会的嘉宾学者都反复提到了"正能量"这个词汇。参与峰会的嘉宾纷纷表示，短视频在快速向前发展的同时，应该强化正能量的内容生产和传播，充分发挥短视频平台的价值观导向作用。

依靠用户生产内容，短视频平台获得了较为迅速的发展，但观点生成和传播成本低、平台审核力度不够，又导致短视频内容低俗化，长此以往，短视频行业必然会走向没落。

价值观是短视频发展的重要基石，用美好的内容去传递正确的价值，才会让短视频赢得长远的未来。大到整个短视频行业，小到每一条短视频内容，正确价值观历来都是创作者所必须要坚持的内容创作准则。

近年来，随着短视频市场竞争日趋激烈，一些平台和创作者盲目追求"流量为王"，崇信"吸睛就能吸金"的运营思路，为了吸引用户点赞、评论、关注、转发，不惜挑战公序良俗底线，突破法律红线，传播庸俗、粗俗、恶俗内容。这种做法不仅污染了短视频平台，也极容易在社会上形成错误的价值导向。

短视频平台需要坚持正确的政治方向、舆论导向和价值观，这样才能更好地完成新时代赋予新媒体的传播使命。短视频创作者也应该端正自己的价值观，网络平台并非不法之地，创作者可以享有充分的言论自由、创作自由，但并不能肆无忌惮地散播不正当内容。

梨视频总编辑李鑫认为："好的短视频应该具备三点：美好、真实和人性，因为美好的信息最容易传播，真实的信息最容易到达，人性的信息最容易共情。"

正能量是互联网传播平台上的一条并不那么显著的法则，虽说没有哪个平台会强制用户必须要时刻保持正能量，但大多数平台却都会对正能量内容格外青睐。在短视频平台上，正能量的热点故事即使不那么精彩，也会获得一定的流量支持。这可以看作是一种潜规则，也可以看作是正确的价值观导向。

基于这一点，短视频创作者在选定内容主题时，可以多考虑一些正能量的主题。谈到正能量，大多数人的脑海中会立刻浮现出"富强、民主、文明、和谐；自由、平等、公正、法治；爱国、敬业、诚信、友善"这些社会主义核心价值观的内容，这些内容自然是充满"正能量"，在短视频中直接展现这些内容，也是一种传播正能量的表现，但短视频内容创作中的正能量远远不止于此。

平民化、生活化、本土化的内容主题也是一种正能量,身边的好人好事、家乡的美好变化、生活的多姿多彩……这些都是正能量的内容。在全民创作短视频未成潮流之前,这些内容的传播主要由主流媒体平台完成,当短视频成为主流视频内容渠道后,主流媒体平台也纷纷转换思路,开始以短视频的形式和广大短视频创作者一起来传播正能量。

2020年新冠肺炎疫情期间,央视推出了一系列微视频,全景呈现出最真实的一线战"疫"。其中,"同时间赛跑"短视频全面展现了中国人民团结一心的力量,为广大人民群众战胜疫情注入了更多信心;"武汉医院隔离区纪实"短视频则讲述了防疫最前线的真实故事,一线医护人员的感人故事在短视频中得到了完整呈现。

同样是在这次疫情期间,许多创作者也围绕疫情创作出了一系列正能量的短视频。腾讯微视的"天多高小哥"在疫情期间回到武汉后,每天都在拍摄疫情笼罩下的武汉,一直持续到武汉封城结束,许多关心武汉疫情的人们通过他的短视频,了解到了封城期间武汉的真实情况。

现在,疫情依然在全球范围内肆虐,依然有一些创作者在用短视频记录每天发生的抗疫感人故事。在各大短视频平台上,这些短视频的拍摄质量并不是最高的,但受到的关注程度却并不低,这既得益于正能量的热点故事内容作为支撑,又得益于平台的流量支持。

疫情总会过去,正能量却永远不会消亡,用户对正能量热点故事的关注也会保持热度。这对于短视频创作者来说,应该算是一种极大的利好信息,如果自己所选定的内容领域适合植入正能量的内容主题,创作者就应该毫不犹豫地"为虎添翼",提升自身短视频内容的受关注程度。

❹ 原创还是搬运，各有各的好

原创还是搬运，是大多数短视频创作者在内容创作之初需要考虑的一个问题。很多时候，从内容创作到价值变现，往往要经历很长一段历程，内容创作的好坏决定着价值变现的难易，对于那些能够创造出热门视频内容的创作者来说，自然更容易实现价值变现。

原创和搬运是短视频内容创作的两种方式，在通常情况下，原创内容的价值要大于搬运内容，但在具体操作中，两种方式其实各有各的好。

搬运是指创作者先从别的地方（主要是国外网站）将优质视频内容下载下来，然后对其进行简单编辑，再通过自己的视频账号发布出来。创作者依靠搬运来进行短视频内容创作，是一种走捷径的方式，其在操作难度上要比原创低很多。一些短视频创作者在注册账号时，便确定了以搬运方式来进行运营，他们不担心缺少内容素材，只需要注意不要出现版权问题即可。好的搬运并不是将他人的优质视频内容全部集合到自己的视频账号下，而是根据自己的账号定位，选择合适的内容进行再创作。这类账号在内容更新速度上要明显快于原创账号，可以更为迅速地积累"粉丝"，这也正是这类账号在各大短视频平台上占据一方天地的一个重要原因。

原创是指创作者自己搜集内容素材，并根据自己的创意对内容素材进行整理编辑，然后通过视频账号将内容发布出来。依靠原创来进行内容创作，难度相对较大，创作者在账号注册时需要注意的问题也比较多。当下各大短视频平台上都有各种各样的原创类视频，从帅哥美女到萌娃萌宠，从唱歌跳舞到养生健身，从户外旅行到美食自助，搞笑、励志、奇葩等各类风格的内容应有尽有。现在各大短视频平台上那些头部创作者，也都是优秀的原创短视频内容创作者。因为需要考虑的细节问题较多，原创类短视频账号的更新速度一般比不上搬运类账号，这便会导致原创类账号在前期对"粉丝"的吸引力赶不上搬运类账号。

此外，搬运类账号可以多取胜，创作者拥有多次试错机会，一个视频内容不讨喜，就迅速更新视频内容，更新的内容多了，总有一个能获得一些点击和关注。而原创类账号因为很难达到搬运类账号的更新速度，所以只能将成功率押在每一条视频内容上，一旦某条视频内容没有获得足够关注，便会出现一段空窗期，直到创作者上传新的视频为止，才可能改变这种情况。

由此可以看出，搬运更多是以量取胜，而原创则更多是以质取胜，无论是哪种选择，只要创作者的内容能够满足用户需求，积累起一定数量的"粉丝"，就能实现价值变现。

究竟是选择搬运，还是选择原创，创作者需要根据不同短视频平台的实际情况来确定。如果在某个平台上，同类内容的账号过多，搬运的效果就会大打折扣，很多时候，创作者搬运的内容根本没办法呈现到用户眼前。在这种情况下，创作者选择原创来突出内容特色，才是正确的内容创作之道。

相比于搬运内容，原创内容对各类短视频平台的适应性要更高一些，在面对同类内容竞争时，也更容易存活下来。在当下全民入局短视频的浪潮之中，创作者在进行内容选择时，很难避免与平台上的其他人重复。在这种情况下，创作者就只能在更为细分的内容领域中进行原创，自己去开拓出更多可能。

原创内容虽然会增加内容创作的难度，但创作者只要能够持续稳定地更新下去，就会逐渐提高内容对用户的吸引力。如果说搬运内容的优势在于前期迅速积累"粉丝",那么原创内容的优势就是中后期持续累积"粉丝",原创内容积累得越多,"粉丝"数量也会随之上升。

对于刚刚入局短视频领域、对原创内容缺少信心的创作者,其可以先选择模仿他人内容,并在这个基础上进行内容创新,为视频内容赋予自己独特的个性化特征。这种"搬运+原创"的方式,一方面可以降低内容创作的难度,另一方面也可以保障视频内容更新的持续性。

在模仿创新的同时,创作者应该尽可能多地去挖掘内容素材,这些素材可以来自自然生活、社会热点,也可以来自兴趣爱好、专业特长。在积累素材过程中,创作者可以慢慢尝试原创内容的创作,只有形成属于自己风格的独特内容,才能在短视频平台上占据一方天地。

除了可以在内容情节上进行原创,创作者还可以多使用一些拍摄技巧来增强视频内容的感染力。例如,创作者可以为短视频内容加入一些影视特效,为用户带来更为过瘾的视效内容,这也属于一种对内容的原创。

生活之中处处都是原创内容,创作者只要认真观察生活,就能在生活中发现适合自己的原创内容,进而创作出优质的原创短视频来。

❺ 为你的内容贴上"个性标签"

在产品营销时,厂商会为自己的产品贴上各种各样的标签。有的产品标签直接说明了产品的功能,有的产品标签则满足了用户的某些需求,很多时候,厂商为产品贴上标签,并不只是为了彰显产品的特性,而是为了使其成为用户个人形象的某种象征。

例如,名包名表、豪车豪宅等产品通常会被赋予"高端奢侈品"的标签,这种标签并没有说明这些产品的功能特性,而更多彰显其"有钱人专属"的象征。一些人正是为了获得这种标签赋予的"有钱人"身份,才选择购买了这些产品,而这正是厂商所期待的结果。

为产品贴上标签,会让产品更加好卖。同理,为内容贴上标签,也会让短视频更受关注,而为短视频内容贴上"个性标签",还可以让用户更好地找到内容。

前面我们提到过账号标签的作用,其主要是为了让平台更好地将我们的账号归入对应领域之中。各大短视频平台都会通过标签来识别创作者和创作者的内容,在识别标签后,平台便会将其内容推荐给对这个标签感兴趣的目标用户。

内容标签也有这方面的作用,但更为重要的是,创作者要通过个性化的内容标签,让用户记住创作者,在吸引用户关注的同时,增强用户的忠诚度。

新手创作者要如何为自己的短视频内容贴上"个性标签"呢?相比为账号贴标签时的被动,创作者在为内容贴标签时会更为主动一些,只要不违反平台的内容创作规定,创作者便可以随意在视频内容中加入标签。

(1)通过设计个性封面来为视频内容贴上标签。从内容创作角度来讲,一个优质的短视频封面,需要直接客观地展现出视频内容的核心画面,因为这是整个视频内容带给用户的第一印象,将直接影响到用户的点击行为,其重要意义是不言而喻的。

短视频封面应最为直观地体现出视频内容的风格,在设计时可选择的模式也比较多,创作者可以直接截取视频内容中的图片,也可以选用统一风格固定的模板框架,还可以选用一些由时下热点元素构成的封面图片。

在设计视频内容封面时,创作者需要主动加入一些个性化标签。例如，在使用视频截图做封面时，创作者应截取那些最能表现视频内容特征，或者是带有创作者个人形象的画面（真人出镜类短视频）；在使用固定模板框架时，创作者应多加入一些与视频内容相关，或者与创作者账号定位相关的元素。

（2）在视频内容中植入个性化标签。短视频虽然时长较短，但可植入标签的地方却并不少，无论是开头语和结束语，还是贯穿于整个内容的语言、形象，都可以作为标签的植入点。

以开头语和结束语作为标签，是非常直观有效的，时至今日，"粉丝"仍旧对papi酱那句"我是papi酱，一个集才华与美貌于一身的女子"记忆犹新。正如许多产品的广告语一样，短视频的开头语和结束语天然就可以作为一种个性化标签而存在。

像papi酱这样，直接用个性化的自我介绍作为开头语或者结束语，是最为常见的一种贴标签方法。当然，过于平淡、缺少特色的自我介绍并不能被人记住，所以最好是想出一些类似"今年过节不收礼，收礼只收脑白金"这样经典的开头语来作为个性标签。

想要让开头语更加生动形象，创作者可以使用排比、比喻、对偶等修辞手法。例如，如果创作者做的是生活技巧类短视频，那在视频开头便可以用"不看本期视频……，看了本期视频……"的对比方式来设计开头语。

一般来说，上面这种视频开头通常是保持不变的，也有一种随时变动的开头语，也能成为一种个性化标签。例如，创作者做的是育儿类短视频，在某一期要为家长介绍宝宝不吃饭问题的解决方法，那就可以用"宝宝不吃饭，其实很好办"这一开头语；如果要为家长介绍宝宝不听话问题的解决方法，则可以用"宝宝不听话，不用打也不用骂，可以试试这方法"作为开头语。这类开头语可以有效挑起用户好奇，同时也是一种较为明确的标签。

相比于使用开头语和结束语作为标签，创作者直接将特色形象和声音展现在视频中，更容易为视频内容贴上个性标签。

"Oh my god！""我的妈呀！""买它买它！"李佳琦凭借这些招牌台词，以及幽默夸张的面部表情，给观看视频内容的用户留下了深刻印象，也成功为自己树立起了标签。抖音创作者"毛毛姐"则凭借一头红彤彤的假发和贵州方言幽默段子，让用户耳目一新。

无论是声音还是形象，只要是积极正面并能被观众记住的，就都可以作为视频内容的标签。创作者坚持在某个内容领域内深耕，对这一领域内容进行创新性发掘，将视频内容与个人特色融合在一起，就可以为视频内容贴上专属于自己的标签。

（3）通过短视频标题来为内容贴上标签。这类标签主要是给平台看的，目的是让平台能够更精准地将视频内容推送到目标用户那里。

在抖音平台上，抖音的算法机制会根据标签来推荐视频，机器审核会根据抖音视频标题中的标签，帮助平台描述和分类内容，而后再将其分发给具有相同标签的用户。基于这种机制，创作者如果在视频标题中加入的标签越多，平台就越有可能将视频内容分发给更多人，这样视频内容上热门的概率自然也会随之提升。

❻ 如何打造爆款内容标题

想要让自己的视频内容更容易上热门，创作者除了要注意在标题中加入热门标签，还需要仔细思考一下如何为视频内容起一个爆款标题。

创作者在设定短视频标题时,其与图文内容标题并没有本质区别,都是要围绕用户关注的、需求的内容去做标题。不同短视频平台上对标题字数和格式的要求可能会有所不同,但爆款标题的类型却都大同小异。

下面简要介绍几种常见爆款标题的类型:

(1)情感共鸣类标题。这类标题的特点是让人读后有一种强烈的认同感,能引起用户的情感共鸣。

标题一:"以前觉得,稳定的工作,美好的爱情,幸福的家庭,都是理所当然的事,后来发现,想要获得这些,简直难于登天"

标题二:"背井离乡来到这座城市已经4年了,自己到现在依然是一无所有。明天又到了交房租的日子了,感觉自己快要撑不下去了。看到的朋友们能够给我点个赞,鼓励一下我吗"

这种轻心灵类的"鸡汤"标题,虽然经不起太多推敲,但在某时某刻推送到某些人的面前时,却特别能够让他们感同身受,这便是情感共鸣类标题的典型特征。

如果担心上面这种有些"丧"的标题会影响用户的情绪,那还可以使用一些能够唤起他人情绪、斗志、热情的标题。

标题三:"虽然路上闯了一次红灯,但成功救下两个生命。女士生完孩子后,她老公还特意打电话来问我罚款的事。到了交警队说明情况后,

图4-1 短视频封面截图

第四章 | 构思选题，策划内容，制订计划

很快就取消了处罚，好人会有好报，我骄傲"

标题四："女生25岁前一定要读的四本书，读完了你的人生6得飞起"

好的视频标题一定要让用户觉得与自己有关，只要能够调动起用户的情绪，让用户产生情感上的共鸣，那收获点赞也就是自然而然的事了。例如，图4-1所示的这条短视频创作达人"畅销书单"发布的短视频，点赞数超106万个，评论超5 000条，浏览量更是高达2 907.8万次，足见一个好标题的作用。

（2）悬念式标题。悬念式标题多能引发用户的好奇心，调动用户的胃口，让其一直看到最后。这种标题一般会把话说一半，剩下一半要由用户去猜，用户需要集中注意力去视频内容中寻找答案，最后的结果往往既在意料之外，也在情理之中，无论用户是否猜对，都会引得用户会心一笑。

标题一："一定要看到结尾，不然绝对会后悔"

标题二："最后那个结尾简直笑死人了，哈哈哈哈哈"

标题三："猜中了开头，却万万猜不到结尾"

需要注意的是，使用悬念式标题的视频内容一定要真正存在悬念才行。如果一个毫无剧情反转的故事贸然使用这种标题，往往很容易引发用户反感。所以这里的难点并不在于视频标题，而是在于视频内容，如果内容"接不住"标题设下的悬念，那便只会落得个"标题党"的评价。

（3）互动参与类标题。这类标题与悬念式标题一样，都需要与视频内容搭配才能应用。不同之处在于，这类标题需要用户参与内容互动中，并以评论的方式来回答标题中的提问，大多数询问式标题都属于这一类型。

标题一："你们说说，我这事到底该如何解决"

标题二："有些事只有一次和无数次，你们说，遇到这种男人应该怎么办"

如果设定了这类标题,那创作者就要在视频中先将事实内容描述清楚,而后再表明自己处于进退两难的尴尬境地,这时候再向用户抛出标题中的问题,希望用户通过评论为自己支招,由此与用户进行互动。

这类标题的优点在于可以巧妙激发用户进行点赞、关注、评论、转发等操作,通过与用户互动,来提高用户的活跃程度。

(4)直截了当式标题。这种开门见山、直截了当的标题多简单概括了视频内容的主旨,用户在看到这一标题后,会很清楚地知道视频内容想要表达的是什么意思。

标题一:"婆媳婆媳,客客气气,一家和气,才是最大的福气"

标题二:"惊险!疯牛街头追赶红衣女子,目击者:三个老奶奶全部被牛怼倒在地,已送医院救治"(见图4-2)

图4-2 短视频内容截图

可以看到,上述直截了当式标题中,标题一展示的是一种观点,即呼吁婆媳之间应该和睦相处;而标题二则是直接展现场景,对视频内容进行了细致概括。

这种直截了当式标题对内容的要求会更高一些，如果视频内容本身没什么吸引力，就很难收获用户的点赞和转发。而如果创作者在标题中展示的观点或者故事场景能够戳中用户的内心，那就有很大可能获得用户的点赞和转发。

在选用这些爆款标题时，创作者需要注意各类标题对视频内容的适配问题。除此之外，创作者还要尽量少使用一些冷门、生僻的词汇，这样才能确保大多数用户都能看得懂标题，如此便能或多或少提升视频成为爆款的可能性。

一般来说，短视频标题的字数多控制在10～20字，在手机上一般占1～2行为宜，如果字数过多，会影响整体观感；如果字数过少，则可能会让用户不知道视频想要表达什么内容。

在当下各短视频平台上，很多用户都不会花什么时间过于仔细地浏览视频标题，如果某个视频标题在2秒钟内没有成功吸引到用户，那这个标题便是失败的。

❼ 看脸时代：短视频封面是"门面担当"

如果觉得自己的标题不够出彩，那么创作者就必须在视频封面上多下些功夫。封面设计也是短视频内容策划的一个重要环节，在这一环节中，创作者需要从封面图和封面文字两个方面来考虑如何让封面能够一下子吸引住用户的眼球。

封面图对用户的影响是最为直观的，当用户刷到某一条短视频时，封面图是其了解整个短视频内容的窗口，如果用户觉得封面图片不对自己的胃口，那只要轻轻一划，其对这条短视频的浏览就结束了。

当下短视频平台上常见的封面图主要有人物形象图、物品特写图、文字内容图、模板框架图和多合一画面图等类。除了这些可归纳的封面图类型，还有一些封面图是个别创作者根据自己视频内容独创的，因为与视频内容契合度较高，并不适合大多数创作者模仿，在这里就不展开介绍了。

用人物形象图作为封面的，多以颜值、才艺类内容的创作者为主。那些具有较高颜值和多样才艺的创作者，可以选择那些能够展示自己美好形象的封面图，来收获"粉丝"的关注。

用物品特写图作为封面的，多以美食、风景、旅游、汽车类内容的创作者为主，利用抓人眼球的实物图片，既直奔主题，又能吸引"粉丝"关注。

用文字内容图作为封面的，多以知识讲解、科普、教学类内容的创作者为主。对于所要讲述的主题需要以大量文字辅助时，创作者多会选择这种封面图。

用模板框架图作为封面的，多以评测、种草、开箱类内容的创作者为主。当创作者聚焦于某个细分领域持续更新视频内容时，往往会使用这种封面图来图文并茂地展示视频内容。

用多合一画面图作为封面的，多以电影解说、影视混剪类内容的创作者为主。创作者在使用这种封面图时通常先将一张图片裁减为几部分，然后将每一部分作为一期视频内容的封面，放在一起就凑成了一整幅图。

不管是何种类型的封面图，创作者都需要选用最精美、最具代表性、最能体现自身特点和账号内容的图片。在确定封面图类型后，创作者一定要保持持续稳定的更新，最好不要中途更换封面图的类型，这样才能让用户形成"封面记忆"，看到封面图，就会想到创作者的账号。

在确定了封面图类型后，创作者还需要确定封面文字的呈现形式。封

第四章 | 构思选题，策划内容，制订计划

面图上的文字不同于标题中的文字（作用上大体相同），其要比标题文字更为直观、更为醒目。当用户在翻看创作者的账号主页时，最先映入眼帘的就是封面图上的文字，可以说，找到好的封面文字，视频内容策划的工作就成功了一半。

好的封面文字都是什么样的？一般来说，好的封面文字要做到关键词提炼、字体醒目和样式固定三个方面的要求。

（1）关键词提炼。这是确定封面文字的第一步，与确定标题文字差不多，一些解答问题、介绍方法、传授技巧的视频内容，会采用疑问句将问题直接抛出来，展示在封面上。例如，"人为什么要PUA自己""接受不了别人批评怎么办"，用户看到这些封面文字后，就想迫切了解视频中的内容，掌握其中的方法。

一些情感类、轻心灵类的视频内容，通常会使用鸡汤句或者金句作为封面文字。例如，"希望你出走半生，归来仍是少年""快远离那些消耗你快乐的人和事"，这些封面文字会让用户产生情感共鸣，当其观点为用户所认同时，视频内容也就同时被认可了。

（2）字体醒目。这主要是通过调整字体大小，来让封面文字更加清晰美观。一般来说，封面文字的字号最好介于24～30号；封面文字也不要放得太高，以免在封面展示时只能呈现一半的文字；封面文字的数量最好控制在30字以内，不要过多或者过少。

（3）样式固定。这要求创作者发布的每一期视频内容都保持同样形式的封面，无论是封面图的选择，还是封面文字的大小、位置，都要具有一致性，不能这一期视频将封面文字放在上面，下一期视频就将封面文字挪到中间，这样会为用户带来不好的观看体验。

如果想要让视频内容形成统一的风格，创作者还可以结合封面图来设

计固定的模板框架。统一的固定模板、色调、字体，有利于形成账号 IP，增强账号的品牌力。

总的来说，短视频的封面就像是走入短视频内容的一扇门，如何设计这扇门才能更吸引用户的关注，是短视频创作者必须要考虑的问题。当然，在设计这扇门之前，创作者还应该了解一下自己所在平台对封面图设计的一些具体要求，以免发生设计好的视频封面却不符合平台的发布规定。

❽ 短视频内容创作的几种方法

在解决好前面提到的这些内容策划方面的细节问题之后，创作者便可以着手进行短视频的内容创作了。短视频内容创作的方法有很多，但在应用这些方法之前，创作者需要先设置一个"钩子"，用这个"钩子"来钩住用户，让他们不要将视频内容一划而过。

在短视频平台上，视频内容的"吸引力"是非常重要的，创作者想要做出让用户一直看下去的视频，就要在视频内容的起始处，设置一个"钩子"，以此来钩住用户的好奇心，从而让用户建立起"观看期待"，让用户被这种期待牵引着一直看下去。

钩住用户好奇的"钩子"可以是多种多样的，创作者可以在一上来就告知用户"后面更精彩"，也可以用视觉奇观一上来就给用户带来震撼，还可以通过人物的独特魅力吸引用户关注……在设置完各种"钩子"后，用户期待也会随之建立，故事很感人、故事很好笑、故事很刺激……这些期待会牵引着用户一直看完视频内容。

音乐也是一种"钩子"，不同的音乐风格会带给用户不同的情绪感受，并帮助用户建立起相应的观看期待。例如,诙谐的音乐会为用户建立起"故事会很好笑"的期待,励志的音乐会为用户建立起"故事会很热血"的期待,煽情的音乐则会为用户建立起"故事会很感人"的期待。

在短视频内容中,为用户建立期待的"钩子"并不止一个,创作者可以将多个"钩子"组合应用,这样可以达成更好的效果。

在了解了设置"钩子"的作用以及如何设置后,创作者便可以开始进行短视频内容的创作了。在这里,创作者可以根据自己对用户的了解,采用自创方法完成视频内容的创作。如果觉得自创方法太难操作,创作者还可以利用以下几种方法来完成视频的内容创作:

(1)简单模仿。简单模仿是最为基础的一种视频内容创作方法,其主要是通过模仿当下各短视频平台上的热门视频来进行内容创作。这种模仿可以是对热门视频进行翻拍,也可以是使用与热门视频一样的背景音乐,还可以是对热门视频的剧情内容进行简单模仿。其中,参与短视频平台上的各种挑战赛和内容创作活动,便是一种最为常见的模仿创作。

模仿不是抄袭,创作者对此必须要有清醒的认知。在模仿创作的过程中,创作者可以基于自己的账号定位和个人特色,加入一些个性化元素,如果应用得当,多会取得较好的效果。如果创作者模仿的视频内容在当下热度较高,那这个视频也会借此获得更多曝光机会。

(2)二次创作。二次创作可以看作是简单模仿的"升级版"方法,其主要是对热点内容、新闻事件、影视剧作进行再创作,从而完成视频内容的创作。视频内容搬运的最高水平便是二次创作,这种方法会让搬运的效果呈指数级增长。

与简单模仿相比,在二次创作中,创作者的自由度会更高,创作形式也更为多样,对于热点事件的二次创作,可以不留痕迹地"蹭热点",如果二次创作的角度恰好能够迎合主流视角的观点，那创作者的视频内容就会更容易获得流量支持。

因为可操作性比较强，创作者在对旧有内容进行二次创作时，需要尽量将自身特色融入视频内容中。如果创作者可以通过视频内容建立起人设（真人出镜短视频），那后续的运营和变现就会变得轻松得多。

（3）专业提取。专业提取需要有丰富的知识储备作为支撑，对于那些立足于自身专长领域中做内容的创作者是十分适用的。怎样将复杂的专业知识，以通俗易懂的方式传递给用户，这是应用专业提取方法创作视频内容的创作者所必须要考虑的问题，找到了那种"化繁为简"的方式，创作者的内容创作也就成功了一大半。

立足于垂直细分领域（如美妆、汽车、母婴、宠物等）的创作者，大多都会使用专业提取的方法做内容。这一方法对于那些对某一细分领域知识有持续需求的用户，具有极强的吸引力，一旦某一期的视频内容成功吸引到用户，就会让其对创作者的视频内容产生较大依赖性。一些用户甚至每天都会催着创作者更新内容，以保证自己能持续获得某些知识。

（4）生活观察。艺术来源于生活，视频内容的创作也要从生活中寻找素材，越是接地气的内容就越能引起用户共鸣，创作者可以从自己、家人和朋友身边的故事中，选择优质素材进行内容创作。

原生态的生活内容记录很容易受到用户的认可，对日常生活的创意编排，也常常能取得意想不到的传播效果。以"耀阳他姥爷""我是田姥姥"为代表的短视频账号都是以生活观察法来进行内容创作的，这种创作方法很容易拉近创作者与用户的距离，进而加深用户对创作者的信赖程度。

（5）剧情反转。剧情反转是一种另辟蹊径的内容创作方法，其不按套路出牌，常常给用户制造意料之外的惊喜。原本从视频内容的前半段来看，故事的结局应该是"英雄救美"，但随着剧情推进，故事结局却变成了"美人救英雄"，如此反转，是很能调动用户情绪的。

这种内容创作方法多被用在剧情类短视频中，反转设置得越多，剧情的可看性就越高，最终的呈现效果也就越好。虽然呈现效果比较好，但这种内容创作方法的操作困难度也比较高，创作者想要在视频内容中做好反转，而且多做反转，并不是那么容易做到的。

总的来说，上述几种内容创作方法基本可以覆盖当下大多数短视频的内容模式，至于具有个人特色的短视频内容方法，因需结合创作者的个人账户和特色加以分析，这里就不过多展开叙述了。对于新人创作者来说，掌握上述几种内容创作方法，便足矣完成诸多类型的短视频内容创作。

❾ 短视频内容创作要避开的那些坑

为什么自己的视频内容在短视频平台成功发布了很久，但观看量却迟迟上不来？这种情况对于新人创作者来说还是比较常见的，可能是因为短视频内容没抓住受众，也可能是因为内容存在违规内容被限制了流量。造成这种情况的原因是多种多样的，在这诸多原因中，短视频平台对内容发布生态的控制与导向，是创作者需要时刻关注的问题。

前面我们曾提到，平台是不会平白无故就将创作者的账号限流的，只有发现创作者的账号出现违规行为，如发布了违反平台规定或者违反法律规定的内容时，才会根据违规的程度，对创作者的账号进行限流或者封号。

除了这种直接针对违规行为的处罚，短视频平台很少会主动将创作者的账号限流。近年来，随着短视频市场竞争日趋白热化，短视频平台为了更好的发展，纷纷开始对平台上的内容进行管控。

说是管控，其实更多是一种导向，这种导向的目的是让平台健康发展，而在这种导向之下，一些影响平台内容生态的视频内容就会被限流。用平台的话说，就是平台对这些类别的内容不再推荐。

前面提到的抄袭他人内容、涉及广告宣传、传播消极内容、出现敏感词汇等情况，都属于直接的违规行为，这些行为在各大短视频平台上都是严厉禁止的。但各大平台不再推荐的内容当中有许多内容从严格意义上来讲并不算违规，只不过是不符合平台想要打造的内容生态的要求而已。

对于短视频创作者来说，流量就是视频内容的"生命之源"，所以在内容创作当中，在避免违规行为的同时还需要避开那些平台"不再推荐"的内容。

抖音早在2019年便发布公告，称对6种内容将进行限流。抖音的公告提到，为了维护账号的健康发展，将不再对"图片轮播、心灵鸡汤讲述类视频、无口播拆箱视频、街头采访/售卖不相关商品、提到价格的招揽式好物推荐、低俗或者尬演小剧场"进行推荐。

可以看到，这6种内容并不算违规内容，通常是可以在短视频平台上发布的，但既然抖音明确提到了会对这些内容限流，那么创作者再在抖音上发布这类视频内容，就没什么意义了，因为这些视频内容根本不会获得流量支持。

虽然这种限流并不是针对所有短视频平台的，但从抖音的表态中可以看出，这几类内容显然已经被平台所放弃了。分析这几类短视频内容，我们可以总结出一些要素，进而推断具有这些要素的短视频可能都会被平台限流。

首先，视频制作成本较低是这类视频内容不被推荐的一个原因。像图片轮播，如果仅仅是将一些图片罗列起来，或者是录制一段让人不知所云的视频内容，完全是在糊弄用户，平台自然不会给这类视频内容流量支持。此外，视频制作成本较低又多与视频质量相挂钩，平台对这类视频限流，很可能也是因为视频内容模糊等质量问题。

其次，无营养的不正常导向是这类视频内容不被推荐的另一个原因。这一点在"心灵鸡汤"讲述类视频中表现得尤为明显。一碗"心灵鸡汤"看似是在教人励志向上，殊不知是抓住了人们内心的焦虑情绪，并不断放大。许多打着"心灵鸡汤"旗号的视频内容，其实是在向用户灌输"毒鸡汤"。

低俗或者尬演小剧场很多也都传递出一种不正常的导向，如果说戏剧中的丑角扮丑是一种艺术化的表现，那么生活中的正常人装傻充愣就真的是"丑态百出"了。这类视频内容很多时候确实会抓人眼球、博人一笑，但如果短视频平台上充斥着这些内容，那这个平台就会被打上"低俗"的标签，"健康发展""美好未来"这些词汇就会离平台越来越远。

最后，单纯诱导消费也是一些视频内容不被推荐的原因，上面提到的无口播拆箱视频、街头采访/售卖不相关商品、提到价格的招揽式好物推荐都属于这一类内容。大多数短视频平台都引入了商品售卖渠道，像是抖音的橱窗、直播卖货等，所以短视频平台对于在视频内容中直接售卖商品的管控是非常严格的，许多"打擦边球"的行为也会被认定为诱导消费，而导致创作者的账号被限制流量。

除了上面提到的这些因素，同质化严重也是视频内容不被推荐的原因。相对来说，这一因素存在的情况更为普遍，在界定上也会相对困难，但一旦平台认定创作者的内容存在同质化问题，那平台便会悄无声息地对其视频内容进行限流。许多创作者自认为视频内容做得不错，但发布了很长时间也没有多少浏览量，就很有可能是因为这一原因被限流了。

前面提到的搬运内容和模仿创作，都可能会使创作者的内容与他人内容雷同，如果没有突出的个人特色，这些内容便都会被归为同质化内容，统统被限制流量。因此，创作者想要规避这种风险，最好还是独辟蹊径做具有个人特色的原创内容比较稳妥。

第五章

组建团队，调试机器，准备开工

❶ 一个合格的短视频团队需要具备哪些要素和能力

短视频账号可以个人运营，也可以团队运营，从当下短视频市场中头部账号的运营情况来看，团队运营已成为当下短视频运营的主流选择。很多个人账号虽然具有鲜明的个人特征，但其背后却往往暗藏着一个分工明确的团队。

这些团队可以是从企业各部门抽调员工组成的团队，也可以是个人呼朋唤友凑齐的团队，还可以是专业 MCN 机构组建的团队。无论团队是怎样建立起来的，评价这一团队的运营工作是否合格、是否高效的条件和要素都是相同的。

打造一个合格的短视频团队，与打造优秀的工程队、课题组、管理层其实是一样的。一个高效的团队应该做到声音的统一、行动的统一和思想的统一。其中，思想的统一是最为重要的，如果没有统一的思想，想要发出统一的声音，做出统一的行动就十分困难。

一个合格的短视频团队具备统一的思想的确十分必要，但单纯有"统一的思想"却又不足以概括合格短视频团队应该具备的各项要素。结合短视频运营中可能会涉及的各种因素，我们可以将一个合格的短视频团队应具备的要素概括为以下几项：

（1）一致的目标。一个团队能够成立的前提便是团队成员都有一致的目标，无论是多少人组成的团队，都应拥有共同的目标，这样才能更为高效地完成工作。

短视频团队的目标主要是拍摄优质视频内容，以此获得更多用户关注，并最终实现价值变现。在这一大目标之下，不同的环节还有一些更为具体、更为细致的目标，在短视频团队组建时，团队成员一定要统一各个目标，以免在具体问题上出现意见分歧。

（2）高效率的沟通。一个合格的短视频团队其成员之间需要时刻保持高效沟通，有问题要及时提出并及时解决，不能等视频内容发布完成，或者是营销活动开展后，再回过来去讨论内容创作上的问题，如此滞后的沟通效率，将会给团队带来难以想象的后果。

（3）彼此信赖，相互理解。彼此信赖是高效沟通的前提，如果团队成员彼此间缺少信赖，那各项工作的展开就会出现问题。团队成员不论以怎样的方式聚集到一起，只要组成了一支团队，就要学会信赖对方，遇事相互指责和怀疑只会让事态越变越糟。

相互理解也是一样，团队成员每个人都有自己负责的工作，大家遇到的困难和问题也会各有不同，彼此间多一分理解，才能一起共渡难关。一个能够相互理解的团队，会形成良好的氛围，这种氛围不仅能使团队成员身心愉悦，还会增强团队的凝聚力。

除了这些与团队协作密切相关的要素，短视频团队还需要具备一些专业能力，才能获得用户的认可。

第一，内容创作能力。内容创作能力是短视频团队赖以生存的基础，对于整个短视频团队来说，内容创作既要求内容的质量足够优秀，又要求创作的内容能够变现。合格的短视频团队要能源源不断地创作出新的优质内容，同时，还要确保这些内容可以顺利变现。

第二，大众审美能力。大众审美能力也是短视频团队的一项基础能力，短视频的封面图选得好不好，文字介绍用得好不好，视频内容搭配得好不好，这些都与大众审美能力息息相关。一个合格的短视频团队各成员都要拥有一定的大众审美能力，大家的审美偏好可以有所不同，但对美的认知要符合大众审美的基本要求，不能过分追求极端个性化的美的表现形式。

第三，用户感知能力。用户感知能力要求短视频团队在进行内容创作时，要能够感知到用户的喜好与需求，最终呈现出的短视频内容不能只是受团队喜欢，而是要受大众喜欢。当下，从事短视频创作的团队为数众多，但用户的碎片化时间却并没有多少。想要争抢到用户的时间，就要靠内容取胜，用内容去解决用户痛点是短视频团队必须要考虑的问题，而这一问题需要依靠用户感知能力来解决。

第四，用户运营能力。用户运营能力是一种与用户互动，进而实现用户价值的能力。不仅是短视频团队，所有需要与用户打交道的团队，都需要具备这种能力。在用户积累阶段，短视频团队需要依靠用户运营能力来提高引"流"增"粉"，而在用户转化阶段，短视频团队还需要运用这种能力来提高"粉丝"活跃度，最终实现商业变现。可以说，用户运营能力是贯穿于短视频运营始终的一项能力，是每一个短视频团队都不能忽视的能力。

❷ 如何组建一支短视频团队

在了解了一个合格的短视频团队需要具备的要素和能力后，短视频创作者便可以开始着手组建自己的短视频团队了。想要快速高效地组建自己的团队，创作者需要按照一定的流程来安排具体工作。

（1）确定人员数量与具体分工。确定短视频团队的人员构成，是团队组建中最基础的一项环节。在这一环节中，创作者需要确定团队所需人员的数量和具体的人员分工，而以人员分工来确定人员数量，会相对简单一些。

在短视频创作过程中，编导、摄影、剪辑、运营是四项必不可少的工作环节，创作者可以从这四项工作出发去组建团队。

如果创作者一人可以身兼四职，那他便可以"一人组一团"，虽然累一些，但却可以节省很多试错成本。当然，一个人既要会策划，又要会表演；既要会拍摄，又要会剪辑；时不时还要做一些运营工作，也确实很辛苦，所以"一人团队"模式一般只适合于短视频运营初期选择。

除此之外，团队人数一般还要根据短视频内容的复杂程度和更新周期来确定。以1周作为一个周期，如果周产视频3～4条，视频时长都在5分钟以内，那最好组建一个6～7人的团队。如果短视频的内容比较复杂，需要前期调研或实地考察，那最好在原有人员基础上增加1～2人。

在确定好团队人数后，短视频创作者还需要让每一个团队成员都了解自己在团队中的职责。需要注意的是，职责虽然是对应岗位而言的，但在短视频团队中，不同岗位人员的职责的关联度是非常紧密的，在开展工作时，多数情况下需要几个岗位的人员一同合作才行。

比如，编导的职责是确定短视频内容风格、方向，以及每一期短视频的内容策划和脚本，但在摄影和剪辑环节，也需要编导的共同参与。而摄影师与剪辑师同样也要参与前期内容策划，否则策划出了内

第五章 | 组建团队，调试机器，准备开工

容却拍不出来，拍出了内容却剪辑不出效果，就会导致时间和资金的浪费。

（2）找到合适的人选。在确定团队人员的构成后，短视频创作者便可以着手寻找合适的人选。无论是通过招聘网站"大浪淘沙"，还是通过人脉网络"互通有无"，只要能够高效率地将团队组建起来，就都可以去尝试。

在挑选团队成员的过程中，工作能力适配岗位职责是重要的，但比这点更重要的是被筛选人员的基本素质要契合团队的"气质"。如果说上节内容讲的是合格团队成员的硬性条件，即工作能力达标，那本节讲到的就是合格团队成员的软性条件，即基本素质达标。

需要注意的是，是否要引入一个集策划、摄影、剪辑、运营能力于一身，却喜欢独来独往的人加入团队，是需要创作者谨慎思考的，毕竟团队合作精神对于团队高效运作的重要性是不言而喻的。

（3）在调研和试错中不断完善团队。严格来讲，调研和试错的工作应该在团队还未组建之前便着手去进行，而不应等团队已经组建得差不多了，才开始考虑。等团队组建好才发现存在的问题，那试错的成本免未也太高了些。

创作者在未开始进行内容创作前，调研的重点应该放在与自己处于同一内容领域中的短视频团队身上，了解一下他们视频内容的更新频率，每期视频的时长以及在各大平台上的播放量情况。多调查几个团队，将搜集到的数据进行汇总，并加以分析、参考。

当创作者搭建起团队后，调研时就要将自身内容在各大平台中的表现加入调研重点，通过对比分析，找到自身团队的不足。如果是视频拍摄上有问题，创作者就看看调换设备是否可以解决，若是解决不了，可能就要

考虑换摄影师了。

短视频运营初期都会有一个试错阶段，一般都是前几期视频发布这段时间，创作者应该抓住这段时间来完善团队。例如，在第一期视频制作时，创作者不聘用专门的摄影人员，只用现有人员进行拍摄；完成内容制作后发布到相应短视频平台上，观看播放量及用户评论等信息，以此来判断是否需要聘用专业摄影人员加入团队。

短视频团队的组建并不是"一蹴而就"的，即使在最初选对了人，在短视频创作过程中，团队成员也还是需要相互磨合才行。在团队组建之后，创作者需要制订出切实可行的团队工作计划，以此来规范团队成员的工作行为，将每一项工作内容落实到人、量化为点，这样才能让团队成员更好地发挥各自作用。

❸ 短视频团队运营会遇到哪些"坑"

在短视频团队运营过程中，试错是可以的，但这并不意味着什么样的"错"都可以试。如果创作者掉入团队运营过程中的一些"坑"之中，想要出来可就没那么容易了。

每一位短视频创作者在团队运营过程中所面临的具体情况是不同的，有的人一路走来都是一帆风顺的，有的人从起步时就磕磕绊绊。前方的路是否好走，只有创作者自己亲自走过才清楚，当然，听一听过路人的建议，也能让自己少走一些弯路。

（1）内容方向定位的"坑"。创作者在确定内容方向时，有的会直接到各平台上去找热搜视频，有的则通过各种分析工具进行数据分析，最终选定一个有较多用户关注，而自己又颇为擅长的内容方向。

第五章 | 组建团队，调试机器，准备开工

确定了方向后，创作者便可以开始着手组建团队，而当团队组建完成后，创作者就可以带领团队成员动手去做内容了。整个流程看上去没什么问题，但当团队着手做内容时，创作者才发现好多问题正摆在自己的面前。

一个做生活类短视频的团队最初打算做高附加值生活消费品的科普，如教人们怎么挑选好的电动牙刷、怎么挑选合适的空气净化器等。但在组建完团队开始着手去做视频内容时，他们却遇到了许多问题，诸如，一个视频需要支出的成本太高了，要完成一个视频的周期也太长了，视频内容在各大平台上的表现也不理想……他们只意识到投入与产出不成正比，却并不知道接下来要怎么办？团队组建是按照内容方向来定的，改变内容方向，势必要淘汰掉团队中不合适的人员，可刚刚组建团队就淘汰人员，这样做又不太合适……创作者一旦陷入内容方向定位的"大坑"之中，后续重新找到合适的内容方向，就会比从头再来还要复杂。

先定内容方向，再组建团队，这个思路是没问题的，这样才能保证内容更适合团队，也更容易提高内容的制作效率。但如果在没把内容方向研究透彻时，创作者便急于着手组建团队，就很可能会掉入内容定位的"大坑"之中。

想要避免这种情况的发生，创作者需要在组建团队前充分做好调研，从垂直细分的内容领域入手，利用手中资源做一些简单的试错，如用手机试着拍摄一些选定内容方向的短视频，发布到平台后再关注一下播放效果。

如果整体播放效果还不错，创作者就可以针对有瑕疵的地方进行补足，如更换更好的设备或者是在团队组建中补充专业人员。如果几期内容的播放效果都不太尽如人意，那创作者就要重新考虑以确定新的内容定位。

（2）内容变现的"坑"。当顺利度过初创期，步入稳定生产内容的阶段后，短视频团队便需要考虑内容变现的问题。仅仅靠短视频平台的视频分成收益，显然是养不起整个团队的，想要将团队继续运营下去，创作者必须要想一些方法来增加视频内容的价值。

例如，有一支做生活类内容的短视频团队，在调整内容定位后，顺利度过初创期，在尝试内容变现时，他们打算拍摄一些生活领域中的达人，比如咖啡达人、收纳达人。这样做一方面可以在视频中展示达人分享的知识内容；另一方面也可以满足达人们营销宣传的需要，可以说是一举两得的买卖。但让他们想不到的是，这样做之后不仅视频内容的播放量下降了很多，关注视频账号的用户也减少了一些。他们投入了大量人力与资源去做内容，但结果却不尽如人意，这是为什么呢？

究其原因，是这一团队掉入了内容变现的"大坑"，前后视频内容脱节所致。最初这一团队发布的多是一些接地气的、贴近生活的视频，依靠这些内容，这一团队收获了大量"粉丝"的关注。当后续内容变成达人宣传视频后，团队虽然能够获得一定收益，但这一视频内容对用户已经没有了吸引力，播放量下降，用户取消关注，也就是自然而然的事情了。

上面这一案例主要是由于内容变现时没有考虑到用户的需求，老用户无法接受内容上的改变，才导致了用户的大量流失。短视频团队在进行内容变现时，一定要注意这一方面的问题，要从用户需求出发，来选择合适的变现方式。

除了上面这两种"大坑"，短视频团队运营的其他环节也会有一些容易失误的地方，如视频剪辑时片头和片尾是否需要有点变化、视频发布时选择的渠道是不是越多越好等。针对这些情况，短视频团队应具体问题具体分析，根据自身的运营情况做好应对。

对于短视频创作者来说，无论面对怎样的情况，在团队初创期，其都要把控好自己团队的各个方面，避免跌入各种各样的"坑"而招致损失。想要让团队快速成长，创作者就要多观察、多学习。

❹ 单平台矩阵运营与多平台矩阵运营

平台选择是短视频创作需要解决的关键问题，在一般情况下，短视频创作者在组建团队前就应确定好这一问题，唯有解决好"选择哪个平台"和"选择几个平台"的问题，才能让短视频团队的运营更为高效。

有时在解决平台选择问题的同时，创作者还需要面对"矩阵运营"的问题。这也是影响短视频团队组建的一个问题，"矩阵"二字的出现就意味着短视频团队运营人数的增加。

"矩阵"本是一个数学概念，在数学、物理学和计算机科学领域中被广泛应用。现在，这个数学概念已经成为短视频营销的一个重要手段，短视频创作者常用这种手段来引"流"增"粉"，扩大自身影响力。

当前，在大多数短视频平台上做运营都可以运用"矩阵"这种手段，微信视频号可以做矩阵，抖音、快手号也可以做矩阵；单平台上可以做矩阵，多平台上也可以做矩阵。

抖音账号矩阵就是将抖音账号与账号之间建立连接，这样不同账号间的"粉丝"便可以相互往来，从而不仅能够为单个账号进行精准引"流"，同时也能形成一种集聚效应，放大单个账号的商业价值。

如果在拥有100万"粉丝"的抖音账号，与拥有50万"粉丝"的账号间建立矩阵，那双方就会共同享有150万的"粉丝"流量池。在这种情况下，两个账号在运营时经常做一些必要的互动，便会在一定程度上增加双方"粉丝",最后100万"粉丝"账号可能会变成120万"粉丝"账号,而50万"粉丝"账号则会变成80万"粉丝"账号。这种运营方式所带来的增"粉"效果,是非常高效的。

抖音账号矩阵、快手账号矩阵、头条号矩阵……这些都属于单平台矩阵,是单个平台上多账号链接在一起,这些账号所发布的内容并不相同,但又有一定的关联,所以可以通过矩阵相互补充。

多平台矩阵是同一账号在不同平台上做"分身",比如某个短视频创作者在抖音平台上有账号,在快手平台上也有账号,在视频号上还有账号,这就相当于一个账号在多个平台上有了"分身"一样。多平台矩阵账号发布的内容多是相同的,只是在一些细节的地方,需要根据平台规则进行一定的调整。

前面提到,无论是哪种形式的矩阵运营,都会对团队组建造成影响。在运营初期,短视频团队往往会选择单个账号在单个平台上做内容,这样投入的成本更低,也更容易成功。当积累起一定的"粉丝"后,短视频团队便可以着手进行单平台或者多平台矩阵运营。这时,短视频团队的成员也会随之发生变动,这种变动既可能是人员数量的变化,也可能是人员职责的变化。

当前,单平台矩阵运营主要有以家庭为单位的矩阵、以社团(家族)为单位的矩阵和以MCN机构为单位的矩阵。不同的矩阵类型,需要的短视频团队成员也是不同的。

例如,抖音平台上的"小金刚""可爱的金刚嫂""金刚爸""金刚妈""天津一家人"就是家庭矩阵运营的典型代表。截至2021年3月,这几个账号的"粉丝"总量已接近4 000万,虽然这之中共同"粉丝"的数量不在少数,但如此规模的"粉丝"数量,是很容易受到广告主青睐,进

第五章 | 组建团队,调试机器,准备开工

而顺利实现内容变现的。

最初,这一家庭矩阵只有"小金刚"一个账号在抖音平台上做内容,其主要发布一些自己与妻子的生活日常片段。在"小金刚"积累了一定"粉丝"后,"可爱的金刚嫂"开始与其绑定,并顺利积累起一定数量的"粉丝"。而后,"金刚爸""金刚妈"账号也加入矩阵之中,从前两个账号那里吸收了一部分"粉丝",现在,几个账号又都将"粉丝"引流到"天津一家人"账号中,完成了"粉丝"的汇聚,这样做更利于流量的集中变现。

可以看出,运营这一家庭矩阵的团队是不断扩容的,每有一个新的账号加入矩阵,便需要配置相应的运营人员。因为矩阵中账号所发布的视频内容都各有不同,所以矩阵中的账号越多,需要的团队成员也就越多,这正是单平台矩阵运营的一个显著特征。

当前这一家庭矩阵将所有流量又集中到"天津一家人"这一账号下,其背后团队人员的配置也随之发生改变,矩阵内其他账号的权重下降,运营人员的数量也就相对减少,将优秀的人员集中到高权重账号下,才能确保证账号内容质量始终保持在一个较高的水平。

相比于家庭矩阵,社团矩阵和MCN机构矩阵背后的运营团队要更为庞大,这两类矩阵中的各个账号多是互相补充的细分内容,例如,某个社团矩阵定位在城市生活上,其下的账号有"小岛旅食记""小岛新鲜事""小岛大事件"等,这些账号的内容是完全不同的,所以每个账号背后基本都会有一个团队来负责运营。

在这一点上,多平台矩阵运营因为所发布的账号内容多是一致的,所以团队成员的数量也会相对少一些,只不过为应对不同平台的运营需要,对运营人员的需求可能会相对更高一些,那些既懂得微博、微信运营,又

能做好短视频平台运营的运营人员，会更为抢手一些。

短视频创作者在运营初期并不需要组建一个高瞻远瞩的、足够庞大的团队，这样既浪费成本，也不利于管理。创作者最初可以从单个平台、单个账号开始做起，而后可以通过多招募运营人员来实现多平台矩阵运营，当"粉丝"积累到一定数量后，便可以扩充团队去开展单平台矩阵运营。

如此循序渐进的运营节奏，既给团队成员留出了成长的时间，也为创作者留下了规划发展路径的时间，这种运营方式很适合新人创作者。

❺ 短视频拍摄器材，合适的就是最好的

在选择短视频拍摄器材时，创作者需要根据自身可负担的成本，以及内容创作的需要来确定，没必要一上来就追求高端设备，也不应让设备的性能影响到视频内容的效果。"合适的就是最好的"，创作者可以顺着这一思路去选择合适的短视频拍摄器材。

（1）短视频拍摄设备。短视频拍摄设备主要有智能手机、单反相机、专业摄像机和其他拍摄设备等。

第一，智能手机。当前大部分智能手机都可以满足视频拍摄的需要，一些高性能手机的视频拍摄效果甚至不比专业摄影摄像设备差多少，遇到精彩瞬间就可以拍摄下来永久保存，方便携带的特征让其成为许多创作者的首选拍摄设备。

创作者使用手机打开短视频App，可以直接完成短视频的拍摄和上传。一些短视频App还自带简单的特效添加和视频剪辑功能，大大降低了短视频创作的门槛，对于那些没有太多经验的新手创作者是非常实用的。

创作者在使用手机拍摄短视频时也会遇到如下一些问题：在拍摄复杂

第五章 │ 组建团队，调试机器，准备开工

场景时，用手机会很难操控，拍出的画面会变得模糊不清；手机拍摄的画面不太平稳，会给用户带来不好的观赏体验；如果光线不好，拍出来的画面还会有噪点等。

第二，单反相机。单反相机是一种中高端摄像设备，其拍摄的视频画质要比手机的效果好很多，通过更换不同的镜头还能更为精确地取景，从而拍摄出画面更为精良的视频内容。

与智能手机相比，单反相机的可操作性更高，使用者可以根据自身需要调节光圈和快门速度，从而获得自己想要的独特拍摄效果。但对于初学者来说，想要快速掌握单反拍摄技巧并没有那么容易，前期需要投入一定的时间学习基础的操作，有一定的门槛限制。

此外，单反相机的体积要比手机大一些，便携性要差一些，整体价格也比较昂贵，没有足够成本的创作者是难以负担这笔开销的。

第三，专业摄像机。新闻采访或者会议活动摄像所采用的大多是业务级摄像机，这种摄像机拥有独立的光圈、快门和其他功能设置，电池蓄电量较大，适合长时间拍摄。

在画质上，这种摄像机拍摄的视频没有单反相机清晰，但要比大多数手机拍摄的视频要好一些。因为这种设备的体积非常大，一般很难长时间手持和肩扛拍摄，需要借助三脚架来完成长时间的拍摄。此外，价格较高也是许多短视频创作者望之却步的一个重要原因。

第四，其他拍摄设备。除了前面提到的几种拍摄设备，当下市场上还有许多其他可用来拍摄短视频内容的设备，如DV摄像机、微单相机、全景相机、GoPro（运动相机）等这些设备都可以满足视频拍摄的基本需要，创作者可根据自己的需要选择合适的拍摄设备。

（2）短视频音频设备。虽然大多数短视频拍摄设备都具有收音功能，

但这些设备在收音时,常会将杂音一并收入,收音的效果并不理想。所以为了获得更好的音频效果,创作者还需要选择一些必要的音频设备。

短视频拍摄时的音频设备主要是麦克风,根据不同的收音需要,麦克风的选择也会有所不同,如果要拍摄户外街坊类的视频,选择有线麦克风,配备一个防风罩就可以了;如果要拍摄情景剧类的视频,则需要选择无线的"小蜜蜂",或者是好一点的吊杆话筒。

相比于拍摄设备,音频设备选择的优先级并不是很高,创作者可以根据自身情况,选择合适的音频设备。如果要做的视频内容对收音要求并不高,那么创作者直接使用拍摄设备收音也是可以的。

(3)短视频拍摄配件。短视频拍摄配件是与拍摄设备和音频设备相配套的一系列设备,选用这些配件主要是解决视频拍摄中经常出现的一些小问题,如视频画面抖动、模糊等,根据不同的情况,可选择的配件是非常多样的。

第一,支架配件。在拍摄短视频时,创作者单纯依靠身体和手臂去固定镜头是很困难的,为了防止视频画面抖动,创作者需要使用一些辅助设备来让镜头固定住。

三脚架可以用来固定拍摄设备,有了三脚架,拍摄出来的视频画面便会更稳定。短视频拍摄常会用到的三脚架主要有桌面用多功能三脚架、户外用伸缩三脚架,以及移动拍摄用的手持云台,创作者可以根据具体的拍摄需要选择适用的三脚架。

稳定器主要是用来解决新手创作者拍摄短视频时因手不稳所导致的镜头晃动的问题,其核心构件是云台,可以自由旋转、自然变焦,很适合用来捕捉动态镜头。一些支持延时拍摄的云台,还可以让创作者实现自由创意的拍摄。

第五章 | 组建团队，调试机器，准备开工

第二，灯光配件。为了获得更好的拍摄效果，创作者在拍摄短视频时需要配备一些灯光器材。在拍摄室内访谈类视频内容时，可以选用柔灯箱，但因为这种灯光器材需要组装，占用空间也比较大，携带起来不太方便。LED 灯也可以增加拍摄效果，这种灯光器材小巧方便，携带起来比较方便。

在使用手机拍摄短视频时，小型美颜灯是较为不错的灯光配件。这种灯光配件可以为画面镜头补光和美颜，还能自由调节镜头的亮度，在拍摄美食类短视频时，常会用这种灯光配件来增加食物的光泽度。

在选择短视频拍摄器材时，创作者需要综合考虑自己的成本预算和视频内容形式，没必要过分追求拍摄效果而一下子配齐所有高端设备，切记合适的才是最好的。

❻ 依主题搭建摄影棚，做好灯光与布景

在准备好拍摄要用的各种器材和配件后，创作者就可以搭建摄影棚。搭建摄影棚可以说是短视频拍摄前期筹备阶段最费成本的环节，租赁场地要花钱，装饰场地同样也要花钱，所以在前期筹备时，创作者一定要做好成本支出的分配，避免在设备采购环节就花光了成本。

摄影棚对每个专业的短视频团队都是必不可少的，美食类短视频、美妆类短视频、评测类短视频、舞蹈类短视频等类型的短视频，都需要在摄影棚中完成。根据不同的视频内容类型，摄影棚的搭建也会有所不同，在考虑怎样设计内景时，创作者需要先找到一个合适的场地。

（1）摄影棚场地选择。大多数创作者会选择将自己的家作为摄影棚，一般清理出一间 30 平方米左右的屋子即可。没有合适的个人房屋，租赁

公寓或者私人住宅作为摄影场地也是不错的选择，但需要注意的是，如果选择租赁场地，一定要确保租用场地的稳定性，倘若还没拍摄几期内容就被要求搬走，不仅尴尬，还很浪费成本。

这里，创作者需要考虑摄影棚在使用时是否会打扰到别人，如果可能存在这种情况，是否有补救的方法。例如，音乐、舞蹈类短视频创作者如果选择住宅作为摄影棚，那在拍摄视频内容时，产生的噪音是否会影响到楼上楼下的邻居？若确实存在扰民情况，是否可以使用一些隔音、消音手段解决这一问题？如果解决不了这一问题，最好还是换一处拍摄场地为好。

（2）摄影棚内部装饰设计。在确定好摄影棚场地后，创作者便需要根据拍摄内容的主题来对摄影棚进行必要的装修设计了。美食类创作者可以将摄影棚设计为厨房样式，中式美食就采用中式风格，西式美食就采用西式风格；美妆类创作者可以将摄影棚设计成化妆间，配置一些置物架来放置化妆用品；舞蹈类创作者可以将摄影棚设计成练功房，同时加入一些具有个人风格的装饰物。

要注意，摄影棚的场景并不是一成不变的，创作者在设计时最好不要做太多"硬装"，而要多使用一些灵活的"软装"来布置场景，这样当视频内容风格发生改变时，创作者才能自由变更摄影棚的场景。

（3）摄影棚灯光与布景的设计。灯光与布景是摄影棚中不可缺少的配置，想要提高短视频的画面效果，灯光和布景是必须要做好的工作。规模较大的团队有专门的灯光师和布景师，规模小一些的团队则由摄影师来完成灯光和布景的安排，只有编导和运营的团队则多由编导来完成这些工作。

在灯光方面，闪光灯是必不可少的拍摄设备，创作者可以根据成本预算,选择一个价格适中、综合性能较好的闪光灯。此外,柔光箱、滤片、雷达罩、反光伞、反光板等也是常见的灯光配件,其价格要比闪光灯便宜许多,有条件的创作者最好一并配齐。配备这些灯光配件,并不是单纯为了给摄影棚增加亮度,而是要利用光线的布置来提升视频画面的效果。好的灯光师可以通过光线的明暗变化来为视频画面增加层次感,还可以淡化背景与画面内容间的冲突,遮盖影响画面主体效果的景物。

在布景方面,创作者需要根据内容主题的需要来进行设计:简单一些的,只要配备一些背景布、背景板就可以了;复杂一些的,则需要搭建一个实景舞台。相对而言,实景舞台的造价较高,虽然效果更好,但性价比显然没有使用背景布要高。

正如前面提到的摄影棚内部装饰一样,短视频的布景也要符合视频内容的主题,如果视频内容科技风十足,就最好不要选用木制书架作为背景。此外,如果视频内容较为平稳,没什么过于吸引人的特点,那背景布置最好不要太过抢眼,这样很容易让观众分神。

如果创作者团队拥有一位专业的后期剪辑人员,那在布景时也可以直接把背景布置成绿色。这样,创作者先让被拍摄主体身着一身非绿色服饰,在绿色环境中进行拍摄,然后再让剪辑人员用剪辑软件将画面内容抠出,与背景特技或者电脑设计的背景相结合,从而打造一种非现实背景的场景。当然,这种绿幕技术虽然对布景要求很低,但对后期剪辑的要求却很高,创作者在采用这种方法前,需要先考虑好成本和时间周期的问题。

搭建摄影棚是一件既费钱又费力的工作,有些短视频团队跳过了这一环节,直接以自然的家庭环境或者户外环境为背景进行内容拍摄,也很好地完成了短视频内容,但对于那些想要走专业化道路、做内容IP的短视频团队来说，这一环节的工作是不能跳过的，正所谓"磨刀不误砍柴工"，时间长了，搭建摄影棚的成本支出便会转变为收益与回报。

❼ 多样的剪辑软件，让内容更精彩

配齐了短视频创作的硬件后，创作者还需要选择一些合适的软件。短视频创作所需要用到的软件主要是剪辑类软件和设计类软件，当前市场上有许多这类软件，创作者可根据自己的具体情况选择1~2个合适的软件来使用。

（1）剪辑类软件。短视频拍摄完成后，剪辑师需要利用剪辑类软件对视频内容进行剪辑，以展现出更好的内容效果。当前市场上有许多"傻瓜式"剪辑软件，创作者基本不需要专业剪辑知识，便可以完成剪辑工作，一些手机自带软件也可以对视频内容进行剪辑。

创作者用这种软件进行剪辑是很方便的，但许多复杂的剪辑功能却没办法靠这些剪辑软件来实现。对于那些想要通过剪辑让视频内容更出彩的创作者，使用专业的剪辑软件才是正确选择。下面推荐几款专业的视频剪辑类软件。

其一，会声会影。会声会影是一款功能强大的视频编辑软件，比较适合个人和家庭日常使用，界面简洁明了，操作也很简单，在视频剪辑效果上并不比专业视音剪辑软件差多少。

在会声会影上，一些简单的视频内容剪辑，只需要三个步骤就可快速完成，初次接触视频剪辑的创作者也可以在向导模式下，轻松完成视频剪辑工作。在专业编辑模式下，会声会影还有捕获、剪接、转场、特效、覆叠、字幕、配乐等多种功能，可以满足创作者多种不同

第五章 | 组建团队，调试机器，准备开工

的剪辑需要。

其二，Premiere。Premiere 是 Adobe 公司开发的一款专业视频编辑软件，可以与各种平台上的硬件一起使用，具有很好的兼容性，现已被广泛应用于广告制作、影视制作、电视节目制作领域，可以说是当下使用最为广泛的一款视频编辑软件。

这款软件除可以进行视频内容的剪辑，还可以对音频内容进行剪辑。对于一些收音效果不是很好的视频内容，创作者可以将后期录音导入这款软件中，再将声话对位，便可提高视频内容的声音效果。除此之外，这款软件的调色功能也可以对视频内容的画面色彩进行调整，以达到创作者预期的效果。

其三，After Effects。After Effects 又被称为 AE，同样出自 Adobe 公司，因此可以很好地与 Premiere 软件相配合，满足更为复杂的视频内容制作需要。

AE 的主要功能是视频特效的合成制作，许多影视大片中的特效效果都是依靠这款软件来实现的。短视频创作者如果想要制作一段惊艳的视频开头和结尾，或者是在视频内容中加入一些创意的特效效果的话，就可以选择这款软件。

需要注意的是，上面这三款软件都是相对专业的视频剪辑类软件，对于新手创作者来说具有一定的门槛。但创作者如果想要追求更好的视频效果，便需要掌握这几款软件的基础使用方法。如果创作者只是想要对自己拍摄的视频内容进行简单调整，那也可以选择一些更为简单的剪辑软件，如快剪辑、快影、剪映等。

在抖音平台上创作短视频的新手创作者，可以选用剪映这款剪辑软件（见图 5-1）。作为抖音官方推出的视频剪辑软件，剪映支持多轨剪辑、语

音识别字幕、曲线变速等功能；同时，剪映专业版还有上千种不同的素材库，如音频、花字、特效、滤镜等，创作者可根据自己的创作需要随意组合使用。

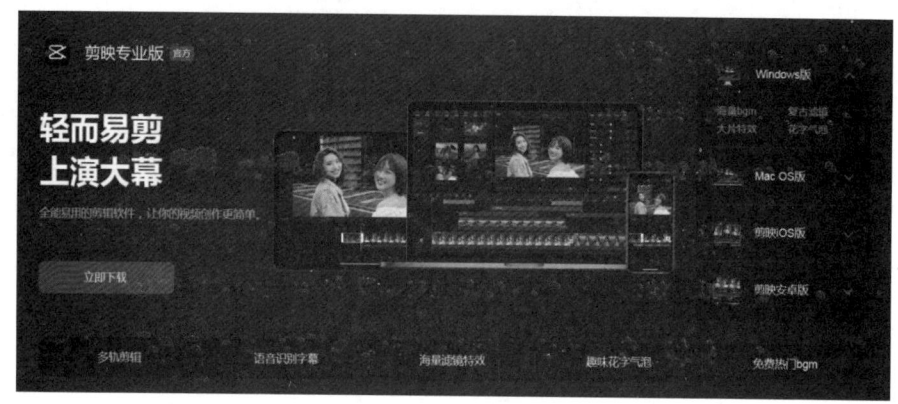

图 5-1　短视频剪辑软件"剪映"的官网首页截图

作为一款适配抖音短视频的剪辑软件，剪映可以很好地满足抖音创作者的创作需要：语音自动识别，一键添加字幕；智能识别脸型，开启美颜功能；抖音音乐收藏，变声特效应用……这些功能都很契合抖音平台上短视频的风格，创作者使用这一软件制作出来的视频内容，可以直接发布到抖音平台上，并且会带有"剪映—抖音出品"的标签。这种视频在抖音平台上或多或少是会受到一些流量关注的。

（2）设计类软件。设计类软件主要用来制作抖音的封面图、背景图，如果没有特别的需求，创作者使用一些简单的图片设计软件，如创客贴、图怪兽等，就可以完成图片的设计制作。但创作者如果需要在图片中加入一些设计元素，或者是要使用抠图功能的话，还是使用 photoshop（PS）这种专业图片设计软件比较好。

除了剪辑类软件和设计类软件，视频格式转换软件、录屏软件也会在短视频创作中应用到,创作者可以适当挑选几款软件,以备不时之需。

❽ 好内容也要有"好演员"

相比于影视剧演员,短视频演员入行的门槛较低,当下很多热门短视频中的演员都是非专业的。随着短视频行业的不断发展,越来越多的专业演员也加入了短视频内容创作的行列,所以现在可供短视频创作者选择的演员也是多种多样的,创作者可以根据视频内容的需求选择合适的演员。

如果创作者打算围绕自己做内容IP,那最好自己出镜做演员,这也是当下许多短视频头部创作者常用的一种模式,像李子柒、李佳琦、papi酱、高火火、祝晓晗等都是如此。当然,自己当演员也是要有一定标准的,如果创作者自身没什么特色,即使每期视频都出镜,也不会给观众留下什么印象。

(1)主播类演员。如果短视频的内容是主播介绍为主,那在挑选演员时,创作者就要重点关注演员的语言表达能力和交际能力,同时颜值和形象特征也是需要考量的要素。

评测类、采访类视频多是以主播介绍为主的,虽然有内容脚本,但这类短视频仍然有许多需要演员个人临场发挥的地方,所以对演员的语言表达能力和互动能力的要求是非常高的。一个能说会道,懂得随机应变的演员,常常会给人带来意想不到的惊喜。

对于需要出镜的演员,高颜值自然是优势,尤其是用短视频带货的演员,更是要有一定的颜值基础。倘若演员的颜值不是很高,形象辨识度却很高,那也是可以作为出镜演员的。美食类视频内容如果选择一位胖嘟嘟的"大胃王"作为出镜演员,也能取得不错的收视效果。

（2）表演类演员。如果短视频的内容是以表演为主的，那创作者就要更多关注演员的表现力和演技。在选择这类演员时，颜值的权重将会降低，个人风格和形象特征的权重则会相应升高。毕竟表演除了可以赏心悦目，还可以幽默诙谐、潇洒干练。

表演类短视频的演员在表演时一定要放得开，尤其是剧情类、搞笑类短视频，不论是长得很喜感，还是表现得很幽默，只要能够为观众制造笑料，就是优秀的演员。

抖音平台上"多余和毛毛姐"中的"毛毛姐"用他那万年不变的假发，以及夸张魔性的表现，吸引了一大波"粉丝"。这种演员选择可能在最初给人一种哗众取宠的感觉，但随着视频内容不断更新，整个人物形象丰满起来后，演员的表演风格自然会被观众慢慢接受，并最终形成个人化 IP。

"代古拉 K""小霸王""惠子 ssica"这些舞蹈类账号的出镜演员，选择的都是青春靓丽的美女；而"七舅脑爷""高火火"的出镜演员则主要是自信阳光的帅哥。创作者在选择出镜演员时，更多还是要考虑自身视频内容的特色，也就是说，要以内容来定角色。

（3）明星演员。明星入驻短视频平台已经不是什么新鲜事，出于宣传和转型的考虑，许多明星都注册了自己的短视频账号。这些账号更新的自然是与明星本人相关的、由明星直接出镜的内容，借助于明星的号召力，这些视频内容在发布之初就自带流量，并不需要考虑太多内容策划和演员选择的问题。

对于新手创作者来说，邀请明星在自己的短视频中客串显然不现实，成本奇高不说，明星本人是否愿意也是个未知数。但如果创作者已经在短视频平台上积累了一定数量的"粉丝"，那在与明星议价时，就会更为主动一些。

李佳琦的短视频中经常会看到明星,这是因为他有4 000多万的"粉丝"基数,很多明星出于宣传需要,会主动找上门进行合作。当"粉丝"数量达到一定量级后,如果明星没有直接找上门,创作者也可以主动与明星联系,邀请明星在自己的短视频中客串。这样既可以满足明星的宣传需要,也可以扩大创作者自身的影响力。

短视频演员是短视频内容的"门面",其表现会带给观众最为直接的印象,所以创作者在挑选演员时一定要慎重考量,不能单纯为了节省成本而随意选择一个价格低廉的演员,也不能盲目追求流量而花重金聘请明星出镜,必须要根据视频内容的需要来进行选择。

好的内容策划要依靠合适的演员才能呈现出来,这样的作品才会受到观众喜爱,才能更好地实现内容变现。

第六章

开机拍摄，后期制作，完善细节

❶ 有剧本，也要有拍摄脚本

短视频拍摄的流程与影视剧一样，在开拍之前，创作者都要根据剧本内容设计好相应的拍摄脚本；脚本完成后，一切拍摄工作就按照脚本的规划来进行。

没有脚本也能完成短视频的拍摄，这种论断是片面的，创作者想要拍个5秒钟的视频内容确实不需要设计太过复杂的脚本，但如果要拍30秒、60秒，甚至更长一点的短视频，创作者就很有必要提前设计好拍摄脚本。

短视频脚本就是一个故事的最初模板，是短视频编导在开拍之前就构建起来的一个拍摄框架。有了这个框架，短视频拍摄工作就会更为高效，这相当于编导为后面的工作排好了顺序，团队成员只要按照顺序完成自己的工作就可以了。

在短视频创业前期，脚本的写作确实会耗费一些时间，但当短视频内容形成一种固定的风格后，脚本的写作就会轻松起来。为了保持视频内容风格的一致性，每期短视频的脚本都应大同小异，这样后面的脚本写作就只需要"套模板"即可。

第六章 | 开机拍摄，后期制作，完善细节

除了能够提高拍摄效率，短视频拍摄脚本还可以作为前期布景和后期剪辑的指导，布景师在拿到脚本后，可以根据脚本内容完成摄影棚的布置；剪辑师在拿到脚本后，按照脚本来剪辑，就能在最大程度上保留编导的内容创作意图。

同时，通过审阅脚本，短视频创作者可以对视频内容风格和成片效果有一个大致了解，如果发现脚本存在问题，可以直接对其进行修改，确保视频内容的质量。

短视频拍摄脚本有拍摄提纲、文学脚本和分镜头脚本这三种。其中，分镜头脚本是最为细致的，它就像是视频拍摄的"行动纲领"一样，指导着每一位视频团队成员、每一个拍摄环节要做好的工作。

（1）拍摄提纲。拍摄提纲是拍摄短视频内容时的要点提炼，类似于将一整篇文章总结为串联在一起的几个主题思想，通常对拍摄内容能够起到提示作用。

创作者在拍摄短视频时，经常会遇到一些不确定因素，这些因素在前期策划时是没法确定的，所以编导需要在拍摄提纲中把预期要拍摄的内容一一罗列下来，这样，不管后期拍摄时出现了什么状况，只要这些基本内容都拍摄完成就足够了。

故事类、搞笑类短视频的一些内容不太好在分镜头中展现，这时编导和摄影师就要共同商讨拍摄要点，并将其记录在拍摄提纲之中，在拍摄短视频过程中遇到这一内容时，便可以灵活处理。

（2）文学脚本。文学脚本是拍摄提纲的"升级版"，只要将一些拍摄素材和故事细节填充到拍摄提纲中，便能得到一个相对完整的文学脚本，这有点类似于完成一系列命题作文。

实际上，各种小说、故事就是文学脚本的雏形，只要按照剧本的格式

调整一下，便可以得到一个文学脚本。

相比于拍摄提纲，文学脚本要明显完整许多，其中基本包含了所有可控的拍摄因素，其他一些不可控或者是暂时未设想到的拍摄因素，则需要编导和摄影师在拍摄现场随机应变处理突发情况。

这种脚本写起来要比分镜头脚本简单，但看上去又比拍摄提纲丰富，很适合那些不需要剧情，或者是剧情比较简单的短视频内容。如果创作者要创作时长较长、故事情节较为复杂的短视频，那么还是用分镜头脚本更为合适。

（3）分镜头脚本。分镜头脚本是影视剧拍摄时最常用到的脚本，导演一旦做好一套完整的分镜头脚本后，即使拍摄当天他有事不能来现场，执行导演拿着分镜头脚本，也能完成相应内容的拍摄。这是因为这种脚本中不仅包含了完整故事和各个情节点，而且还包含了景别、镜头运动、台词、画面描述等内容，相当于一个"傻瓜式"教程。

分镜头脚本通常在文学脚本的基础上完成，也就是说想要做分镜头脚本，其他两类脚本是不能不做的。在编导眼中，分镜头脚本已经不再是文字形式的内容，而早已变成了影像化内容，他的脑海里已经出现了拍摄完成的视频内容。

将文学脚本的每一个细节都拆解出来，再具体到每一个画面，这就是分镜头脚本创作的要求。运用什么景别拍摄？镜头是固定的，还是运动的？拍摄场景在哪？所有拍摄需要涉及的内容，都需要在分镜头脚本中有所展现。

短视频平台上那些精品短剧基本都是依靠分镜头脚本来拍摄的，每个镜头细节都经过了精心设计，这一点是简单剧情视频内容所不能比拟的。

第六章 | 开机拍摄，后期制作，完善细节

在创作短视频脚本时，创作者需要根据视频内容的主题来确定制作何种类型的脚本，两个短视频内容可能拥有着相同的拍摄提纲，这样文学脚本和分镜头脚本就成了决定两者质量高下的重要因素，顺着内容主题努力完善各种拍摄细节，才能创作出优秀的短视频内容来。

❷ 花样运镜，拍出新奇画面

在短视频主题之外，创作者可以在短视频拍摄过程中丰富和完善的细节之处是非常多的，运镜就是一个很容易吸引用户关注的短视频拍摄技巧。

运镜也被称为运动摄像，是指在一个镜头中，通过移动摄像机机位，或者改变镜头光轴，或者变化镜头焦距所进行的拍摄。常见的运镜方式主要有推、拉、摇、移、跟、升、降等，其他一些运镜方式主要是在这几种方式上改良、创造而来的。

（1）短视频常用的运镜技巧。创作者在短视频拍摄时加入运镜技巧，可以为视频内容增加亮点。创作者想要拍摄出好的短视频内容，学习一些基本的运镜技巧是很有必要的。

其一，推拉运镜。推拉运镜是短视频拍摄中常见的运镜手法，如果想要突出被拍摄物体的细节和局部，摄影师便可以使用推镜头让被拍摄主体在视频画面中占据更大空间；如果想要展示被拍摄物体所处的环境，就可以使用拉镜头来放大景别，让更多景物进入画面中。

其二，摇移运镜。推拉运镜是前后运动，摇移运镜则是左右运动。其中，摄影师使用摇镜头时，摄影机位置不动，镜头向左或者向右（也可以向上或者向下）移动；而使用移镜头时，摄影机要跟着被拍摄物体一起左

右移动。

这种运镜方法主要用来表现场景中人物的关系。例如，在某条短视频中，一群奇装异服的人闯入屋内，摄影师便可以使用摇镜头，先从左到右扫过这些人，而后再用固定镜头将这些人"框"在画面之中。

其三，跟随运镜。跟随运镜要求镜头跟着被拍摄物体移动，这种移动并不是简单的左移或者右移，而是与被拍摄物体保持同样的移动速度，摄影机可以在被拍摄物体前面，也可以在被拍摄物体后面。

这种运镜方法主要用来拍摄人物移动的画面。例如，在某条短视频中，一个女孩独自走在地下车库中，突然听到后面有声响，便加速向前奔跑，边跑边时不时神色紧张地回头张望。这时摄影师就可以采用跟随镜头，以相同速度跟在女生后面来进行拍摄。

其四，升降运镜。升降运镜属于一种较为特殊的运镜方法，镜头高度的变化会带来不同的画面效果，一般当剧中人物来到一栋豪华建筑前时，摄影师会运用升镜头整体展现一下建筑的全景。

（2）短视频独特的运镜技巧。前面提到的是一些短视频常用的运镜技巧，大多数短视频内容都可以应用，还有一些运镜技巧只需要在表现特定内容时使用，虽然适用范围较为局限，但应用效果却非常好。

其一，环绕运镜。环绕运镜所呈现出的是一种巡视一样的视角，因为镜头是环绕被拍摄主体的，所以能够很好地突出主体，让视频画面更具有张力。摄影师在使用这种运镜技巧时，通常要以被拍摄对象为中心，利用手持稳定器将镜头进行旋转移动。在环绕拍摄时，摄影师在保持相机高低位置不变的同时，还要保证与被拍摄对象之间的距离不变。

第六章 | 开机拍摄，后期制作，完善细节

其二，低角度运镜。低角度运镜，顾名思义是将镜头降低到一定的位置，通常是正对被拍摄主体的小腿或者脚踝处。摄影师在运镜时，可以使用环绕的方法，即镜头在较低角度环绕被拍摄主体一周；也可以使用跟随的方法，即镜头在较低角度跟随被拍摄主体一同运动。这种运镜技巧用来表现宠物视角或者儿童视角是非常合适的。

其三，旋转运镜。在拍摄被拍摄主体眩晕时，摄影师可以使用旋转运镜来表现，即将镜头对准空中旋转。除了这种应用方法，摄影师还可以用镜头来模拟被拍摄主体视角，拍摄出前方景物旋转的画面，这种画面有些类似于电影《盗梦空间》中空间旋转的感觉。这种运镜技巧还可以让镜头呈现出鸟儿飞翔一般的视觉效果，在表现被拍摄主体张开双手，快乐地向前冲时，可以运用到这种运镜方法。

其四，快摇/快切运镜。这种运镜技巧是在摇移镜头基础上衍生出来的一种运镜技巧。在拍摄人物交谈，尤其是辩论或者争吵时，摄影师使用这种运镜技巧，可以迅速将镜头从一个人身上切换到另一个人身上，根据双方交谈的速度，还可以加快或者调慢镜头切换速度，以烘托场景的气氛。

这种运镜技巧通常通过手臂的摇晃就可以实现，如果配备了具有极速跟随模式的稳定器，还能营造出画面转向模糊的既视感，可以很好地用来完成场景的转换，所以这种运镜方法也是一种很好的转场方法。

如果短视频团队中的摄影师是非专业的，在拍摄视频内容前，最好为其配备一款合适的稳定器，这样无论是在使用运镜技巧时，还是在拍摄正常视频内容时，都可以确保画面的稳定性。如果想要将短视频拍出大片的效果，摄影师还需要多掌握一些专业摄影技巧才行。

❸ 巧妙转场，视频内容无缝衔接

与运镜一样，转场也是短视频拍摄时能够吸引用户的一个拍摄技巧。使用一些巧妙的转场，不仅能让视频内容的衔接更加流畅，还能让视频内容看起来更为高端。

转场是指视频内容段落与段落间、场景与场景之间的过渡与转换。影视剧中的转场主要有无技巧转场和技巧转场两种。无技巧转场是指用镜头的自然过渡来衔接上下两端内容的转场方式；技巧转场则是通过视频剪辑软件来实现的如淡入淡出、闪白、翻转等特殊效果的转场方式。

在短视频拍摄中，创作者应用无技巧转场能够确保观众视觉上的连续性，但并不是任意两个镜头间都可以应用无技巧转场的，创作者必须要找到一些合理的转换因素来实现自然的场景转换。除了影视剧中常用的转场技巧，短视频创作者也开发出了一些有趣的转场技巧，很适合创作相似内容的短视频创作者进行参考。

（1）相似转场。这种转场技巧主要是利用上下镜头中具有相似性的内容来实现场景切换，这些具有相似性的内容可以是相似的主体形象、相近的物体形状、相近的主体运动方向或者相近的色彩等。

应用这种转场技巧，创作者可以利用上下镜头的相似关联来减少视觉变动元素，从而降低场景转换对观众感知器官带来的不适感。创作者应用独到的相似转场，有时还能起到一些意料之外的效果。

例如，在某条搞笑类短视频中，创作者利用同一个角色的脸顺利实现了场景切换，其中的喜剧效果令观众捧腹大笑。在前一个场景中，镜头以俯视角度正对着角色的脸，此时的角色正在家思考问题；下一个场景依然是镜头俯视角色的脸，但此时角色已经到了审讯室正在接受警察的审问。

（2）承接转场。承接转场又被称为同一主体转场，主要是指在前后两个场景中用同一物体来衔接，上下镜头具有一定的承接关系。在影视剧中，摄影师利用这种承接转场还可以制造错觉，营造出独特的戏剧效果。

例如，在某个短视频中，被拍摄主体准备去车站接人，在说完"我去车站一趟"后，镜头立刻转到车站外景，此时被拍摄主体已经进入车站，这便是利用情节上的关联完成的转场。

（3）挡黑转场。挡黑转场是指镜头被画面中的某个形象暂时挡住，可以是画面主体直接挡住镜头，也可以是画面中的其他景物完全覆盖画面，比如一辆汽车从镜头前驶过，在一瞬间遮挡住了画面中的其他景物。

当画面被挡黑或者完全遮挡住时，镜头也就随之切换了。例如，在前一段镜头中，被拍摄主体正从家里迎面朝镜头走来，经过一段挡黑后，被拍摄主体已经背朝镜头走到了公园里。

前一段时间，短视频平台上非常流行的变脸、变装短视频，使用的正是这种转场技巧，被拍摄主体用手遮挡住镜头来实现前后画面的转换，可以制造出前后差异的独特效果。

（4）运动转场。运动转场可以利用摄像机的运动来转换场景，也可以利用镜头中景物的运动来实现场景的转换。摄影师在使用这种转场技巧时，出画与入画是场景转换的重要手段。例如，在某条短视频中，被拍摄主体从办公室向外走去，慢慢走出画面，而很快他就从大街上的镜头中走入了画面。这便是通过被拍摄主体出画和入画，实现了场景的转换。

此外，运动转场也可以是利用人们自然认知规律，使场面转换成符合本该有的运动方向、惯性、速度，从而保持视觉的连续性，以达到自然转场的目的。例如，在某条短视频中，在前一个镜头中，被拍摄主体丢出了一罐饮料，后一个镜头在不同的场景里，另一个被拍摄主体接到了一罐饮料。这种画面的转接符合人们自然感知事物的运动规律，画面衔接的效果非常流畅。

（5）声音转场。这种转场主要是利用音乐、音响、解说词或者对白来实现镜头转换，既可以利用声音的延续性来实现大幅度的时空转换，也可以利用声音的反差来增加段落间隔。一些混剪类短视频的画面转换，就是通过声音转场来实现的。

除了上面提到的这些转场技巧，短视频创作中可以用到的转场技巧还有空镜头转场、主观镜头转场、反差镜头转场等。对于新手创作者来说，只要掌握好上面这些转场技巧，就能保障自己的视频内容达到无缝衔接，那些想要给视频增加些新鲜元素的创作者，则可以多在转场技巧上下些功夫。

❹ 短视频构图的9种方法

创作者想要让自己的短视频上热门，先要把短视频拍好。好的短视频除了要有好的内容、好的剧本、好的拍摄技巧，还要有好的构图。如果构图没做好，拍出来的短视频就会存在瑕疵，再好的人和景物也难拍出美感来。

构图是影视行业的专业术语，是指将三维立体的人或者景物，通过镜头再现到二维平面上，通过对镜头内景物的取舍和光线的运用，来突出和美化画面主体。

短视频的构图方法和影视拍摄时的构图方法基本相同，都需要考虑主体、陪衬和环境三方面的要素。其中，主体是画面中的主要表达对象，既可以是人，也可以是物，画面构图要围绕主体、突出主体，能够展现出主体的美，才算是成功的构图；陪衬是画面中的次要表达对象，常作为主体的陪衬出现，既可以是人，也可以是物，在画面中常处于次要位置；环境是主体与陪衬所处的大环境，包括前景与后景两部分，在画面中虽然占据较大空间，但更多是为了突出主体而服务的。

影视行业通用的构图方法主要有9种，这些方法在短视频拍摄中也同样适用。下面简要介绍一下这些构图方法及其所适用的短视频类型。

（1）中心构图法。这种构图法是将主要拍摄对象放到画面的中央，突出主体形象，使画面形成左右平衡的效果。观众在观看一幅图画时，先看到的往往是画面最中心的内容，这种构图方法正是迎合了这一点来突出画面主体的。

很多类型的短视频拍摄时都会用到这种构图方法，舞蹈类短视频中的舞者总是会在画面中央舞动，即使某一刻因为舞蹈需要移动到画面边缘，舞者也会很快回到画面中央；美妆类、穿搭类、种草类短视频也多选择这种构图方法，让演员在画面中央去讲解内容。

大多数没有剧情内容的短视频都可以采用这种构图方法，如果创作者想要在视频内容中突出被拍摄主体，想要围绕被拍摄主体打造IP，那这种构图方法就是最值得尝试的选择。

（2）对称构图法。这种构图法按照一定的对称轴或者对称中心，让画面中的景物轴对称或者中心对称，往往在拍摄景物时使用得比较多。

短视频创作者对这种构图方法的应用并不太多，因为使用这种构图方法形成的画面总是过于平稳，会给人一种慢而悠闲的感觉，在长视频中让观众产生这种感觉是没问题的，但在短视频中，这种过于平缓的镜头会让观众注意力松懈，容易忽视掉短视频所表现的内容。

但在一些特定题材和内容的短视频中，创作者也会使用到这种构图方法的，例如，在表现两个人对峙时，便可以利用对称构图来凸显双方的对立；在进行产品对比时，也同样可以使用到这种构图方法。

（3）垂直构图法。这种构图法常被用来展现被拍摄物体的高大和向上生长的张力，画面以垂直线条为主，可以充分展现出画面主体的高大和纵深。

在一些旅行类短视频中，我们经常可以看到一些高耸入云的林木，配合广角镜头，短视频创作者可以拍摄出非常不错的"深林秘境"的感觉。

（4）水平构图法。这种构图法是一种最为基本的构图法，其画面以水平线条为主，影视剧在表现海面、草原、荒漠时，常会用到这种构图法。

大多数短视频在拍摄时也都会使用到这种构图法，其中的水平线条可以与桌面平行，也可以与地面平行，会给观众留下一种稳定、和谐的感觉，很适合科技类、教育类和评测类短视频使用。

（5）对角线构图法。这种构图法要求被拍摄主体沿着画面对角线方向排列，这样可以展现出很强的动态感，给观众带来更具有生命活力的视觉体验。

第六章 | 开机拍摄，后期制作，完善细节

这种构图法通常会被用来展现景物，与对称构图法一样，这种构图方法在短视频中应用的并不多，除非剧情类短视频的编导在内容表达上有特殊要求，想要以此来为后续剧情做铺垫；否则，时长较短的短视频并不太适合使用这种构图法。

在一些产品评测类或者产品展示类短视频中，创作者应用这种构图法可能会获得意想不到的效果，将要展示的产品沿着画面对角线上下错落摆放，可以让观众从一个独特视角去观看这些产品，从而呈现出一种出人意料的内容表达。

（6）引导线构图法。这种构图法主要是利用线条来引导观众的目光，使之汇聚到画面主体身上。影视剧在拍摄大场景和远景时会使用这种构图法，一些特定类型的短视频也会使用到这种构图法。

值得注意的是，短视频拍摄中很少能利用到自然线条去引导观众目光，在这种情况下，一些创作者便会通过在布景上增加线条，并让背景中的线条汇聚到被拍摄主体身上，这样也能实现引导线构图，而且这种构图法在应用时会更为随意，创作者可以自由布置线条，以满足拍摄需要。

（7）框架构图法。这种构图法通过将画面主体用框架框起来，去引导观众注意框内主体，框架与框内亮度上的反差也会凸显框内主体的形象。

短视频采用这种构图法，会让画面内容增添一定的神秘感，让观众产生一种窥视的感觉，从而引起观众的观看兴趣。

短视频中框架的选择既可以根据内容需要来设计，也可以直接选用自然景观来搭建画框，如果画面中内容过于杂乱，也可以通过框架把要突出的内容框起来。

（8）曲线构图法。这种构图法与中心构图差不多，也是利用画面的视觉中心来进行画面布局的。在这种构图法下，画面中心的内容多呈曲线或S形排列，相比于中心构图法更多了一种曲线灵动的美感。

这种构图法在短视频中，多是用在画面的背景布局中，营造一种意境之美；在进行产品展示时，创作者也可以使用这种构图法。

（9）九宫格构图法。九宫格构图法是视频拍摄中最为重要的一种构图法，无论是影视剧拍摄，还是短视频拍摄，都需要应用到这种构图法。

九宫格构图法又被称为黄金分割构图法，其利用画面中上、下、左、右四条黄金分割线将画面分割，四条线就是画面的黄金分割线，而四条线的交点就是画面的黄金分割点。

在短视频拍摄时，被拍摄主体应处于黄金分割点上，如果拍摄的是人物，那人物的眼睛应该处于画面的黄金分割点处，这样拍出来的视频画面才会更有美感。无论是外景的剧情类短视频，还是内景的讲述类短视频，创作者在拍摄时都应遵循这种构图法。

以上这9种短视频构图法基本可以满足大多数短视频拍摄的需求，但因为短视频的播放设备通常是手机、平板电脑等小屏幕终端，所以创作者在进行短视频拍摄时，应该充分考虑这一因素，在进行画面构图时，尽量保证画面主体能够清楚明确。在做到这一点后，创作者可以再去探索一些更具个人特色的构图方法。

❺ 短视频剪辑，呈现最好的画面效果

在各大短视频平台上，创作者随手一拍便上传发布的短视频随处可

第六章 ｜ 开机拍摄，后期制作，完善细节

见，相比于那些经过剪辑修饰的短视频，这些记录生活片段的短视频虽然足够真实，但在艺术表现力上却有所不足。想要让短视频成片的效果足够好看，创作者就必须在内容剪辑上多下些功夫。

在短视频创作团队中，剪辑并不只是剪辑师的工作，很多时候是需要编导和摄影师共同参与的。编导如在内容策划阶段就设计好分镜头脚本，剪辑师便可以根据分镜头脚本进行内容编辑，摄影师在内容拍摄时对画面进行合理布局，也会给后期剪辑带来不少帮助。

短视频剪辑需要注意节奏、背景音乐、转场和辨识度四个方面的问题。创作者解决好这些问题，短视频便能呈现出预期的效果。

（1）节奏。短视频不像长视频那样有充足时间去交代故事的前因后果，想要用60秒的短视频讲好一个故事，创作者需要在内容节奏上多下功夫，保留哪些画面，删去哪些画面，要在剪辑之前便做到心中有数。

像是生活类vlog短视频，一个60秒的视频内容，可能要拍摄600秒甚至更多的视频素材。这时候，剪辑师就要循着一条故事主线，先将那些没有意义的片段尽量删掉，然后再将剩下的视频片段剪辑到一起，由此完成一个完整的短视频内容的剪辑过程。

短视频的节奏就像是一首歌曲的旋律一样，基于这一点，大多数短视频创作者会利用画面与背景音乐相结合的方式，完成视频内容的剪辑。一些混剪类短视频常会采用这种方式，控制短视频的节奏，伴随着背景音乐的"抑扬顿挫"，短视频的画面内容时而缓和时而激烈，很有节奏感。

对于剧情类短视频来说，持续的快镜头有利于渲染紧张气氛，在表现激烈情绪、激烈打斗场面时，配合快节奏音乐，会产生很好的效果；持续

的慢镜头则有利于累积情绪，可以为后续剧情内容做铺垫。但需要注意的是，持续的快镜头拼接或者持续的慢镜头拼接，都可以能会给观众带来视觉疲劳感，创作者需要好好考虑这一问题。

如果短视频的节奏不对，那么整个短视频的内容就会垮掉。比如一个相对欢快的舞蹈视频，却用过于冗长的慢镜头去表现，而一些说理叙述类短视频，却不断拼接快切镜头，这些剪辑方式显然会打乱视频内容的节奏，影响观众的观感。

（2）背景音乐。很多时候，短视频背景音乐的节奏决定着短视频的节奏，在确定了背景音乐后，剪辑师只要根据音乐的节奏确定画面长短就可以了。而在一些故事类短视频中，背景音乐的选择大多要为故事内容服务，好的背景音乐可以烘托故事氛围，吸引观众的注意力。

有一些短视频的部分内容差异较大，如果直接衔接在一起，会显得内容过于跳跃，但在给视频内容加上恰当的背景音乐后，观众对画面的关注就会被音乐吸引，两个内容差异较大的片段在音乐重音处剪辑，整个视频内容就会显得十分流畅。

（3）转场。不同类型的短视频，在剪辑时需要使用的转场特效也有所不同，大多数剧情类短视频在转场时最好使用前面小节中提到的无技巧转场，这样能让视频内容衔接得更为紧密，在转场时不会产生突兀感；而其他一些非剧情类短视频的转场就要随意得多，无论是技巧转场还是无技巧转场，只要创作者觉得合适，就可以使用。

在剪辑短视频时，创作者巧妙运用转场特效，还可以解决一些视频过渡不自然的问题。比如，在一个带货类短视频中，主播推荐完一个产品后，打算更换嘉宾推荐新的产品，此时创作者可以用"镜头变模糊后又马上变清晰"的方法完成转场，当镜头重新清晰后，新的嘉宾已经拿着产品出现在镜头之中。想要实现这种转场，只要在前一个镜头的后两帧添加方向模糊效果，在后一个镜头的前两帧添加方向模糊效果即可。

除了这种"模糊变清晰"的效果，创作者利用两个镜头衔接的 4 帧还可以实现其他转场效果，如画面闪烁、画面弹动等，剪辑师可根据具体的需要加以选择。

（4）辨识度。想要让自己的短视频更具有辨识度，创作者就要在剪辑环节对短视频进行全方位包装，除了利用各种剪辑手法让短视频呈现出最好的画面效果，创作者还需要设计一些有辨识度的视频内容装饰。

字幕、logo 标识、旁白文字，创作者可以将这些装饰性内容设计出自己的风格，并且放在每一期视频内容中，这样不仅可以增加短视频内容的辨识度，还可以增加短视频创作者自身的品牌辨识度。

但需要注意的是，创作者在短视频中放入这些装饰性的内容时，要注意不要让它们遮挡住画面主体；同时，这些装饰性内容也不要离画面主体过近，以免影响观众的观感。

对于视频画面中出现的线条、图形、符号或者杂物，创作者在剪辑时能剪掉尽量剪掉，剪不掉的部分，则可以使用快切镜头让画面一闪而过。其实，只要在前期准备时做好布景的工作，这些问题便不会在剪辑时出现。创作者在布景时加入辨识度更高的装饰性物品，也要比在剪辑时加入更为简单一些。

最后，在短视频剪辑时，创作者需要尽量克制自己"每个片段都想要保留"的念头，某个镜头拍得再好，只要是不符合内容需要的，就没必要剪辑到短视频之中。

❻ 独辟蹊径，避开大众化背景音乐

好的短视频内容，要搭配好的背景音乐。因此，短视频创作者在创作好内容的同时，也要努力寻找合适的背景音乐。在这个过程中，创作者除了要不断筛选音乐，还要注意音乐的版权问题。

短视频音乐的选择要根据视频内容来定，在拍摄短视频时，创作者需要清楚短视频想要表达的主题，以及要传达的情感，只有先弄清楚视频内容的情感基调，才能根据视频中的人、事、物来为其选择合适的背景音乐。

在筛选背景音乐时，创作者需要注意以下几方面问题：

（1）避开大众化背景音乐。创作者最好不要选择那些过于大众化的背景音乐，这些音乐流传得太广，虽然会引来观众关注，但这种关注更多是集中在音乐上，很少有用户会仔细观看短视频的内容，如此一来，背景音乐就有些"喧宾夺主"了。

在筛选短视频背景音乐时，创作者最好要选择那些让观众感觉不到，但又能配合视频内容主题的音乐，一定不能让背景音乐"喧宾夺主"。如此来说，创作者与其找那些经典的大众化歌曲作为背景音乐，倒不如找一些没有歌词的轻音乐或者国外音乐，以更恰如其分地起到衬托视频内容的效果。

（2）注意音乐与画面的联动性。音乐与视频画面在节奏上的匹配度越高，视频画面就会越有观赏性，不同类型的短视频可以选择不同节奏的背景音乐，制造出新奇的声画联动效果。

例如，美食类短视频搭配一些轻快的音乐，可以让视频画面变得更为精致；搞笑类短视频使用一些搞怪的背景音乐，能够营造出一种风趣幽默的氛围；记录类短视频可以直接采录自然的声音，让视频内容更加逼真、更为原生态。

（3）高效寻找背景音乐。在寻找短视频背景音乐时，创作者要多听、多想，听得多了，在需要用的时候，才能迅速从脑海中"检索"出来。当然，如果确实缺少日积月累的经验，创作者也可以去各大音乐平台上碰碰运气。

QQ音乐、网易云音乐、酷狗音乐等网络音乐平台上有大量音乐，创作者可以根据自己的需要，在平台上有目的地寻找。

除了这些音乐平台，网络上还有一些正版音乐曲库，如"曲多多"（见图6-1），这些曲库中的背景音乐大多都有清晰的分类标签，创作者只需根据自己的需求选用即可，当然，创作者还需要为此支付相应的版权费用。

图6-1 AGM商用音乐曲库"曲多多"曲目背景音乐

在根据视频内容搜索背景音乐的同时，创作者还可以随时关注短视频平台上热度较高的视频内容所选用的背景音乐，如果与自己的视频内容相契合，在不引发版权问题的情况下，创作者便可以使用这一音乐。

无论是在哪个平台上找到的背景音乐,创作者都应避免侵权问题。为短视频添加背景音乐主要涉及的是《中华人民共和国著作权法》(以下简称《著作权法》)中的表演权一项,表演权中的"表演"主要包括现场表演和机械表演两种。其中,现场表演是指表演者向现场观众展现作品的行为;机械表演是指用唱片、光盘等物质载体向公众传播被记录下来的表演行为。

很显然,为短视频添加背景音乐应该属于表演权中的机械表演范畴。根据我国《著作权法》的规定,免费表演已经发表的作品,即该表演未向公众收取费用,也未向表演者支付报酬时,则属于对作品的合理使用,不需要经过著作权人许可,也不用向其支付报酬。

这就是说,如果添加背景音乐的短视频在公开发布后是免费的,创作者单纯使用该背景音乐,并不会构成侵权;但若其依靠短视频直接或者间接地获得了收益,那便属于侵权行为。

在界定短视频背景音乐的版权问题时,创作者应考虑以下四个方面的因素:一是被引用音乐的性质;二是引用音乐的目的;三是引用音乐的质量和数量;四是引用音乐后是否形成了新作品、是否与原作品存在市场冲突关系。

从当前短视频市场来看,各短视频平台对存在版权问题的短视频加大了查处力度,即使有些创作者在片头加上了"仅用于个人学习研究,不做任何商业用途",也很难避免版权纠纷。所以在选取背景音乐时,创作者要多注意版权问题,只有在得到著作权人授权后,才能进行商用。

现在一些短视频平台会提供一些背景音乐供创作者选择,这些音乐往往都是经过著作人授权的,创作者在使用时不必担心出现版权问题。

❼ 短视频包装，让你的作品与众不同

如果将短视频内容比作一个人，那短视频包装就是这个人的服饰，"人靠衣装马靠鞍"，短视频内容要想出彩，对短视频的包装就不能马虎。当然，关于短视频是否需要包装这个问题，答案也是因人而异的，对于那些想要走 IP 化、品牌化路线的创作者，短视频包装就是必不可少的环节。

一般来说，短视频包装主要包括短视频 logo、片头、内容和片尾几部分，对短视频不同部分的包装，创作者需要采取不同的方法。在对短视频各个部分进行包装时，有一些必要的原则是创作者一定要注意的。

（1）要注意整体性。短视频包装是一项整体工作，每个部分要相互协调，不能片头弄得五颜六色，视频内容却都是黑白影像。创作者在包装短视频各个部分的内容时要尽量保持一致，要有一个统一的标准。

（2）要有持续稳定的风格。色彩搭配是短视频包装中的关键问题，无论是视频封面的配色，还是内容中字幕的颜色，都要有自己的风格。

快手账号"老丈人说车"选择的就是以橘黄色底纹配加粗的白色字体作为标题框，既醒目，又不会阻挡住封面图的内容，其包装配色得恰到好处（见图 6-2）。

（3）要符合大众审美。短视频包装要从短视频内容出发，落脚到大众审美之上。这就好像在介绍一项发明时，发明者既要从自己的角度说明研发这项发明的目的，又要从大众的角度去阐述这项发明问世的意义。

短视频创作者在包装自己的视频内容时，要在保持自身独特风格的基础上，充分考虑到大众的审美，让受众接受并喜欢这种独特风格，创作者才能获得"粉丝"的关注。

汽油也有"保质期",又涨姿势了!#汽车人不停更 #温暖好运年 @快说车(040300095) @祝晓晗(0917113506)
发布时间:2021-03-04 10:57:52

祝家庄三十六计之反客为主,闺女干得漂亮!#汽车人不停更 #温暖好运年 @快说车(040300095) @祝晓晗(0917113506)
发布时间:2021-03-02 11:04:50

为了不去相亲,闺女竟然对轮胎做这种事情!#汽车人不停更 #温暖好运年 @快说车(040300095) @祝晓晗(0917113506)
发布时间:2021-02-28 10:45:01

图 6-2 "老丈人说车"发布的作品截图

快手账号"叶公子 ye"在视频内容的字幕上使用亮黄色字体,亮黄色比较醒目,其不像黑色那样"浓重",也不像粉色那样"甜腻",是一种大众都能够接受的配色。这种颜色配合"叶公子"本人洒脱自信的个人风格是十分合适的(见图 6-3)。

不同的短视频平台上,大众的审美取向也有所不同,抖音平台的受众更喜欢时尚新鲜的内容,而快手平台的受众更喜欢"接地气"、自然的内容;哔哩哔哩平台上的受众喜欢有新意的二次元内容;好看视频平台上的乡土情景短剧更受欢迎一些……创作者可以根据不同平台受众审美取向的差异,来对自己的短视频内容进行合理包装。

在了解了短视频包装需要注意的各种问题后，创作者便可以对短视频的不同板块进行包装了。虽然短视频包装要追求整体效果的统一，但不同版块在包装上还是存在一定的差异的。

其一，短视频 logo 包装。短视频的 logo 包装一般会选用专门设计的图形符号，有些创作者会在 logo 中加入一些专属于自己的独特元素。无论怎样设计 logo，创作者都需要

图 6-3 "叶公子 ye" 发布的视频截图

注意前面提到的色彩搭配问题，短视频 logo 的配色要对应内容主题与风格，如追求简约风，就选择黑白色系；想要新鲜感，就选用一些鲜亮的颜色。

此外，创作者在设计短视频 logo 时，尽量不要过于复杂、花哨，越是简练的符号，观众看着越轻松，记得也就越牢。

其二，短视频片头包装。短视频的片头包装也要根据视频内容来确定，创作者应力争在极短时间内把要表达的内容展现在片头之中。

大多数创作者会利用片头来强化 logo，较为常见的片头是根据 logo 来做一个动态动画，但这个动画的长度一般较短，基本保持在 4 秒以内。还有一种常见的片头是创作者直接提出问题或者点明主题，通常用黑色背景上闪入并闪出白色或者其他亮色文字来表现，这种片头能够一上来便吸引住观众的注意力，相当于给观众留下了一个悬念。

其三，短视频内容包装。短视频内容包装主要是让整个短视频更具表

现力，根据视频内容的主题与节奏，创作者可以将视频内容包装成不同的风格，在这个过程中，色彩的搭配也是不容忽视的问题。

哔哩哔哩平台上的"造物集"在内容包装时，选择了日式小清新风格，不论是画面的色彩，还是画面中出现的人物与景物，都给人一种淡泊宁静的感觉。每一期"造物集"都延续了这种内容风格，同时在正片右下角还有"造物集"的logo，既简洁明了，又能够给人留下深刻印象（见图6-4）。

图6-4 "造物集"发布的视频内容截图

其四，短视频片尾包装。短视频片尾在长度上与片头相似，都不能太长，不能太过抢占视频内容的风头。如果片头使用了动态动画，那么片尾也可以使用动态动画，与片头相互照应，但创作者一定要注意色彩搭配和内容简洁的问题。

另一种常见的片尾包装方法是请求观众关注、点赞、转发，或者让"粉丝"同样关注自己在其他平台上的账号。前一种方式在哔哩哔哩平台上已成为一种"文化"；后一种方式应用起来则有一定风险，创作者不仅要考虑观众的接受度,还要考虑平台的接受度。观众不接受,仅仅是不展开行动;平台不接受,就可能直接动用处罚措施了,这一点创作者一定要多加注意。

一些剧情类短视频会直接以未结束的故事作为片尾,为的就是给观众留下一个悬念。如果故事中的悬念不够明显,创作者也可以通过黑色背景加白色或者其他亮色文字直接告诉观众下期内容的精彩之处,以吸引观众持续关注。

还有一些短视频创作者会在片尾向观众征求意见,让观众自己定制下期视频的内容,这种互动方式不仅能调动观众参与讨论的热情,同时还可以有效地了解观众的喜好与兴趣,如果能再融入一些抽奖、送礼物的内容,相信观众会更乐于参与到互动中来。

第三篇　提升篇

不能变现的短视频，没有商业未来

第七章

流量变现，短视频玩法的归途

❶ 无法变现就是在做公益

如果你给 100 位短视频红人号发送私信，询问他们："你做短视频的真实目的是什么？"相信 99 个人都会直接告诉你两个字——变现。

是的，无论创作者加入这行的最初目的是"为了出名"还是"为了卖货"，其最终目的都会落在一个"利"字上。

变现并不是什么让人避而不谈的事情。当今时代是互联网时代，是"粉丝"经济时代，不管创作者收获"粉丝"也好，吸引流量也罢，其最终目的都是为了实现资本变现。

当今时代，有流量的地方就有生意。在短视频平台的帮助下，火锅店火了，奶茶店火了，冰淇淋店火了，甜品站火了，小程序火了，公众号也火了……慢慢地，人们明白了这样一个道理：所有产品都能靠短视频平台变现。

股市中有这样一句话："当街头巷尾都在谈论股票的时候，就是股市最危险的时候。"其实，这话在短视频行业也同样适用。

说句夸张的话，当我们那些"上到九十九，下到刚会走"的亲戚朋友们都在谈论抖音、快手、头条、哔哩哔哩时，那么我们再想从这些短视频平台上实现"一夜暴富"的梦想就相当困难了。

最近几年，不管是社会精英也好，基层人士也罢，男女老少都喜欢拿起手机，在闲暇无事时刷刷短视频。短视频掀起了全民风潮，也有无数人在这一领域发现了商机。

可也总有一些人眼高手低，总觉得只要站在风口，闭着眼都能把钱赚到手。他们觉得，在自媒体泛滥的时代，每个短视频平台都有数以亿计的受众。自己只要随便拍拍，不管什么内容都有人看，不管什么内容都可以火。

可真的是这样吗？事实并非如此，创作者想要依靠短视频变现并不是一件容易的事。

相信不少创作者都遇到过如下问题："为什么我的'粉丝'数量已经到10万了，但还是无法盈利？""为什么我跟××的'粉丝'量一样，但人家能月入百万元，我却只能月入几千元？""为什么我的'粉丝'数量都超过10万了，还是没人主动找我合作？"诸如此类的问题是创作者在短视频变现过程中常会遇到的问题，而出现上述情况的原因也不尽相同。总的来说，其原因有以下几点：

（1）短视频内容不够。这里的"内容不够"并非指数量少。相反，有些账号喜欢做"搬运号"，其创作者每天都会发布很多内容，但每天发布的内容都没什么"营养"。

如今，太多账号都出现了同质化现象，而且这种现象非常严重。要知道，没有特色的账号是很难用流量进行变现的。所以，创作者若想真正实现变现，就一定要展示出自己账号的特色，即便做不出原创作品，也要让"粉丝"觉得"我关注的这个人是与其他人不同的"。如果不能做到这点，那即便"粉丝"增长得很快，变现也会十分困难。

第七章 | 流量变现，短视频玩法的归途

（2）"粉丝"忠诚度过低。如今，绝大部分短视频平台都不再单纯依靠"粉丝"数量来衡量某账号的价值，因为相比"粉丝"数量，"粉丝"质量才是重中之重。有些账号看上去风光无限，坐拥数十万"粉丝"，但这些"粉丝"中大部分是"僵尸号"，根本不具备变现价值。那么，创作者要如何衡量粉丝的忠诚度呢？创作者不妨问自己这样几个问题：①你知道自己"粉丝"的基本情况，如年龄段、职业吗？②你知道自己的"粉丝"是通过什么渠道关注的你吗？③你知道自己能为"粉丝"带来什么样的价值吗？④你的"粉丝"（非"僵尸号"）数量稳定吗？有没有减少的趋势？

上述问题中，问题①是帮助创作者了解"粉丝"的类型与消费能力的；问题②是帮助创作者了解自己账号的吸引力在哪里的；问题③是最重要的，主要考验创作者对自己账号定位得明不明确；问题④则是对自己账号输出内容的检验。

在通常情况下，对上述问题持肯定回答的短视频创作者往往都会获得可观的盈利；如果有满足上述条件却还是未盈利的创作者，那就说明其自身的竞争力还有所欠缺，或者说是没有一上来就抓住用户的心。

要知道，在自媒体泛滥的时代，如果创作者不能很快脱颖而出，那就有可能一直淹没在无数同类账号里无法胜出。所以，如果创作者长期止步在无法盈利的阶段，倒不如找准自己的定位，开设一个新账号从头再来。

说到底，流量无非是吸引用户注意力的问题。然而注意力的增长，并不一定就能带来销售的增长，很多短视频都有超过 10 万的阅读量、100 万的播放量、1 000 万的点击量，可表面的欣欣向荣并不能代表它的实际价值，很多时候这部分流量也是很难进行变现的。

而且线上流量比线下流量更容易作假。无论是"粉丝"、评论、浏览量,还是点击量,都可以通过"刷"的方式实现增长。所以,创作者在这些欣欣向荣的数据面前还是要认清现实,切不可被表面假象所迷惑。

总之,在满足更高级的精神需求前,人们还是要先满足物质需求的,无法变现的短视频流量就等同于做公益。所以,找准自己的定位,用心制作内容,提高自身竞争力,这些才是创作者在"粉丝"时代短视频流量变现的不二法门。

❷ 打造个人品牌IP,是最好的价值体现

对于短视频创作者来说,价值变现是短视频运营的最终归途,打造个人品牌IP则是最好的价值体现。

关键意见领袖(key opinion leader, KOL)是指短视频平台上那些拥有话语权和舆论导向能力的人,如平台大V、平台达人和入驻平台的明星等。

近几年,短视频平台捧红了一大批短视频创作者,他们凭借着别出心裁的作品,在平台上树立人设,打造起个人品牌IP。

例如,短视频达人"大狼狗郑建鹏＆言真夫妇"从2018年起开始接触抖音,到现在已经在抖音平台上拥有了4 689万"粉丝"。从最初的"开门关门"系列视频、"run"系列视频和"走路"系列视频,到后来的"包租公包租婆"系列视频和一家三口共同出镜的视频,"大狼狗郑建鹏＆言真夫妇"一步步完善着自己的品牌IP。虽然视频中的故事不断在变化,但夫妻二人在视频内容中的个性风格却并没有多少改变,

第七章 | 流量变现，短视频玩法的归途

一期一期视频看下来，观众自然而然便记住了此二人的品牌IP形象。一旦形成品牌IP，再去结合IP定位进行变现就要轻松得多。"大狼狗郑建鹏＆言真夫妇"直播带货的产品主要是美妆类、母婴类产品，以及一些美食饮品和日用百货类，很符合其品牌IP形象，产品销量数据也非常抢眼。

真人出镜是打造品牌IP的重要环节，但这并不意味着没有真人出镜的短视频账号就不能打造品牌IP。例如，动漫类短视频账号"一禅小和尚"就凭借着虚拟的动漫形象完成了品牌IP的打造。暖萌的画风、诗意的场景、平实的对话，这些评价足以概括"一禅小和尚"所有视频内容的特色。不同于"大狼狗郑建鹏＆言真夫妇"不断根据"粉丝"需求变化视频内容主题，"一禅小和尚"自2017年登陆抖音平台以来，始终保持着最初的视频内容主题与风格，这也是其能够在抖音平台上一步步形成品牌IP的重要原因。

"一禅小和尚"的品牌IP定位是暖萌的小和尚通过与师傅交谈，向人们传递出温暖、治愈的人生道理。这似乎与年轻人追捧的酷炫潮流有些不搭，但"一禅小和尚"的"粉丝"画像却显示，其核心用户的年龄主要集中在19～30岁。

此外，虽然是动漫内容，但"一禅小和尚"团队并没有降低对视频内容的质量要求，从登陆抖音平台以来，"一禅小和尚"的画质始终保持着较高水平，每一帧画面都十分细腻，且具有很强的代入感。

其实早在登陆抖音平台之前，"一禅小和尚"就在微信公众号持续更新，即使只是采用"音频＋图片＋文字"的形式更新内容，其也在微信平台上多次获得过"10W+"的傲人成绩。

抖音等短视频平台的出现，让"一禅小和尚"有了更多展示自我的空间。在抖音平台火爆的同时,"一禅小和尚"也在快手、视频号等其他短视频平台上"攻城略地",单是在视频号上,"一禅小和尚"便创造了5个月时间涨"粉"200万,单条视频最高播放量近3亿的成绩,这便是品牌IP的力量。

其实,真正让"一禅小和尚"形成品牌IP的关键因素还是视频内容的策划。以在视频号上播放量超3亿的短视频《不刻意维持的关系,才真的舒服》来说,这条内容所覆盖的受众范围很广,其所指向的主题既可以是爱情,也可以是友情,对大多数人来说都很适用,所以能引起众多用户的情感共鸣。

"一禅小和尚"的大多数视频内容都具有这种特点,不局限于某个特定群体,而是在一个更广阔的范围阐发一种朴素的道理,可以说它的内容都是"鸡汤",但相比于那些"毒鸡汤"和让人焦虑的"心灵鸡汤",这碗"鸡汤"给人的感觉只有温暖和力量。

相比于真人出镜的短视频账号,"一禅小和尚"的内容变现途径也有所不同。直播带货虽然也是可以尝试的变现选择,但以这一品牌IP为基础的漫画、动画、周边等实体产品变现显然更有价值。

❸ 以"粉丝"和流量为基础的广告变现模式

我们都知道,衡量短视频红人账号的广告变现价值的重要指标就是"粉丝"与流量。就拿"粉丝"来说,一个千万"粉丝"的短视频红人账号与一个百万"粉丝"的红人账号,其间相差的商业价值大约有数千万元之多。所以,"粉丝"对短视频红人号的重要性不言而喻。

对于那些有运营机构及品牌广告主支撑的红人来说,"粉丝"与流量的广告变现问题自然有专业的运营人员来负责。可对于那些个人红人账号，要如何以"粉丝"、流量为基础进行广告变现就是个值得研究的问题了。

首先，我们要明确这样一个前提：不同"粉丝"量级的红人账号是没有变现可比性的。所以，短视频红人只能选择在同样"粉丝"量级的红人账号里脱颖而出。在通常情况下，短视频平台的"粉丝"增长曲线有如下四种：

（1）阶梯式"粉丝"增长曲线。所谓阶梯式"粉丝"增长曲线，是指该红人账号的"粉丝"数量是呈阶梯式上涨的，而且期间会出现多个峰值的增长曲线。因为这种红人账号"粉丝"增长比较稳定，且没有大规模脱"粉"事件，所以阶梯式"粉丝"增长曲线也被称作个人号最为理想的增"粉"模式。若想达成这种曲线，红人账号需要保证长期、稳定的内容产出，且内容风格、质量都要保持一致。

（2）顶峰式"粉丝"增长曲线。所谓顶峰式"粉丝"增长曲线，是指"粉丝"数量会在一段时间内出现大规模增长现象的增长曲线。这种红人账号相比数量而言更注重内容质量，创作者会花大量时间在短视频的制作上，所以更新速度会比较缓慢。当某一阶段内容质量较高时，其"粉丝"增长率就会大幅增加。

（3）突破式"粉丝"增长曲线。所谓突破式"粉丝"增长曲线，是指"粉丝"数量长期保持稳定，但会在某个时间出现大规模涨"粉"现象，但这种"粉丝"暴涨的趋势也会很快趋于平稳的增长曲线。这种红人账号主要靠"蹭热点"等行为借势来涨"粉"，当热点不再炙手可热时，其"粉丝"曲线便会重新趋于平稳。

（4）起伏式"粉丝"增长曲线。所谓起伏式"粉丝"增长曲线，是指该账号的"粉丝"数量会呈现较为明显的暴涨和暴跌,而且在某段时期内,这种暴涨和暴跌的情况还会交替进行的增长曲线。这种账号会经常变换自己发布内容的风格,所以也会因为多变的风格突然吸"粉"或者突然掉"粉"。

在了解"粉丝"增长曲线类型后,红人账号就可以利用自己的"粉丝"增长曲线来"主动出击",积极与品牌广告主进行接洽。例如,在某个节日期间,呈突破式"粉丝"增长曲线的红人账号就很容易说服广告主与自己进行合作。值得一提的是,在通常情况下,呈起伏式"粉丝"增长曲线的红人账号,是很不容易被品牌广告主看中的。

说完"粉丝"变现后,我们再来谈谈流量变现的问题。

流量变现不如"粉丝"变现那样好理解,因为流量无法直接为你买单。不过,流量多了,总会有一部分人选择留下,留下的这部分人又有可能成为"粉丝"。所以,流量对短视频红人账号来说也是非常重要的。对红人账号来说,流量的变现需要完成"两步走":第一步就是要懂得引"流";第二步就是要明白引"流"的最终目的是为留住用户。

第一步,"引流"。短视频平台的引"流"行为大多数都是通过自媒体号进行的,尤其是微信公众号,因其受众基数较大,所以是各类短视频平台最主要的引"流"目标。例如,大多数人会在自己的短视频中打出微信公众号名字,或者直接将账号设为"微信某某号""VX某某号"等字样,以完成从短视频平台向微信公众号的引流行为。

将短视频账号与微信公众号进行捆绑,是为了最大化地提高曝光度。不过,这种行为容易被短视频官方作封号处理,所以大部分"粉丝"上百万的红人账号都有不少小号进行引"流",以规避大号被官方封号的风险。

第七章 | 流量变现，短视频玩法的归途

在通常情况下，短视频红人账号在引"流"时会先将"粉丝"引"流"到自己的小号矩阵中，然后由小号关联微信或者微信公众号等，从而实现规避封号风险的流量变现目标。对于有团队运营操作的红人账号来说，大号还可以通过@团队成员的方式，将"粉丝"引"流"到自己旗下的其他平台，最大化实现"粉丝"与流量价值。

第二步，留住用户。引"流"是流量变现的第一步，留住用户才是根本。当前，越来越多的人选择在短视频平台上营销自己，优胜劣汰的竞争也变得越来越激烈。对于短视频红人账号来说，能否将用户留下来就成为生死存亡的关键问题。

在平台上，如果创作者发布的短视频内容足够好，运气也不错，那么一天增长几千个甚至几万个"粉丝"是很轻松的事情。但如果无法找到持续更新内容的方法，那这些"粉丝"也会很快流失。所以，短视频红人账号需要想尽办法让用户留下，这样才能实现流量变现。

保证内容创作的持续更新，是留住用户的一个最基础的操作。我们都知道，很多读者会在小说平台上"追更""催更"，短视频平台其实也是如此。只要内容足够优质，那么短视频红人账号只需定时定量更新短视频即可，不必花费太多时间去宣传自己的作品。

当然，保证内容创作的持续更新只是最基础的工作。除此之外，关注热点、关注风向，让短视频内容与热门事件挂钩，也是创作者留存用户的一种有效途径。

总之，做短视频最忌讳的就是"只引流，不留人"，这样流水式的引流方法不但不容易变现，而且在流量红利逐渐消退后，该账号再想要在短视频平台上获得"粉丝"就会变得很难。

④ 直播"带货",月入百万元的新型变现模式

我们都知道,大部分红人账号直播都是靠用户的打赏进行变现的,而靠直播获得打赏的方式则主要是个人展示。除此之外,红人账号直播还有一种变现方式,即产品展示,也就是我们俗称的"带货"。

(1)直播"带货"的方式。"带货"很好理解,就是红人账号通过产品售卖的方式来进行资本变现。但是,有些短视频平台(比如抖音直播间)就明令禁止不允许"第三方带货",如果被平台查到,那么该号就有被封号或者限"流"的风险。

在这种情况下,如何在直播中软植入产品广告就成为红人账号需要考虑的事情。而且,对一些特殊的主播来说,这种软植入产品广告的方法,要比靠"粉丝"打赏赚得更多。例如,积攒了不少"粉丝"的美食博主,在直播小零食测评时,肯定会有"粉丝"询问哪里可以购买到这些零食。这时,主播只要将自己的店铺信息,用一种相对委婉的方式告知"粉丝",就能轻而易举地实现产品的变现。

很多时候,广告主与厂商也会找到主播进行产品销售。在广告主找到主播时,主播需要考虑的就是如何不留痕迹地帮广告主将产品通过直播带货的形式给推销出去。例如,一位靠直播手工艺品制作的主播接到了某饮料品牌商的"带货"要求,那么他就可以在直播间直接将该品牌的饮料摆放在最显眼的位置,再有意无意地提示"粉丝"这款饮料很不错。在制作手工艺品的途中,主播也可以拿起该品牌的饮料品尝,再说上几句夸赞的话,从而成功引导"粉丝"购买该品牌的饮料。

也就是说,主播在"带货"时,一定要遵循"润物细无声"的原则。

很多主播会在直播间不停地说"这个产品多好多好",但他们却忽略了一点,那就是"粉丝"是来看主播本人的,并不是为购物而来的。如果主播不断地吹捧产品号召"粉丝"购买,反而会让"粉丝"觉得主播是在消费自己,这种明显的功利欲也会让"粉丝"产生厌烦,最终反而会得不偿失,甚至可能会掉"粉"。

有一种比较巧妙的"带货"方式,就是针对多种同类产品进行测评。就拿美妆主播来说,当其拿到一款需要做推广的化妆品时,通常会再购入其他几种不如被推广产品优秀的同类产品。在直播过程中,美妆主播会亲自试用这几款产品,一边比较这些产品的细节与质量,一边教授大家一些化妆的小技巧。整场直播看下来,没有"粉丝"会觉得主播是在带货,甚至不少用户都会询问其中某款化妆品的牌子和购买链接。因为在无形之中,大家都会发现这款产品上妆效果好、价格合适、性价比最高。而这款产品正是主播负责推广的产品了。如此操作,美妆主播就能将产品融入自己的直播内容当中,让产品成为直播的一个道具,而不是直播的主角。

主播要明确这样一种用户心理:很少有用户愿意被别人推销产品。曾经销售员是上门推销,如今"带货"主播是网络推销。无论哪种推销,在用户看来都是"赚自己钱"的行为。有了这个印象,无论主播带的货质量好或者坏,都会被用户戒备甚至嫌弃。所以,主播一定要擅长"藏拙",不要一上来就明确告诉大家"我就是来赚你们钱的"。

看到这里,很多主播也许会问:那明星"带货"不都是这样直来直去的吗?确实,明星"带货"通常比较任性,但主播与明星在本质上是不同的。明星的"粉丝"忠诚度很高,明显可以轻而易举地将"粉丝"的忠诚度从自己转移到产品上。

可短视频平台的主播却不同，这个行业的竞争是很激烈的，自己的"粉丝"也可能同时关注着很多其他同类型主播。所以，为了更好地实现"带货"变现，主播需要更小心谨慎地推销产品，不要盲目地消费"粉丝"对自己的好感度，尤其是那些直播时间较短、"粉丝"基数不多的主播，不要在"粉丝"基础不牢固的情况下盲目带货，以避免造成"粉丝"流失的情况。

（2）直播"带货"的注意事项。主播在直播过程中一定要注意自己的言行和仪表，不要涉及官方认定的广告宣传范围，更不要毫无尺度地跟"粉丝"聊敏感话题；否则，就会受到短视频平台官方的制裁，还会引起大规模掉"粉"现象。

主播在"带货"时积极与"粉丝"互动是个不错的选择，与"粉丝"互动可以活跃直播间气氛，也可以提高"粉丝"的忠诚度，巩固与"粉丝"之间的情感。主播经常与"粉丝"进行互动，还能夯实"粉丝"基础，这样能有利于后期直播的"带货"变现。

对主播来说，营造良好的直播间气氛是一堂必修课。无论是靠颜值吃饭的主播，还是靠才华吃饭的主播，在开播时都要把气氛炒热，这样才能吸引更多"粉丝"的关注。如果主播不懂得如何炒热气氛，那么也可以按照模板进行套版操作。

例如，在直播开场阶段，主播可以分享一段自己最近的经历，引起"粉丝"与自己互动的兴趣。而热点话题就是一个不错的开场话题，由于热点话题传播范围较广，大部分人都乐于参与互动。不过，在选择热点话题时，主播一定要避开敏感度高的热点，以免被官方平台封号。而且，在分享最近经历时，有心的主播还可以加入一些需求，为后面的"带货"埋下伏笔。

第七章 | 流量变现，短视频玩法的归途

"不知道大家发现了没有，主播今天嗓音有点哑。前两天，主播去医院检查了一下，医生说是因为最近天气干燥，让平时多补充些水分。小仙女们应该都知道，天气一干燥，我们的皮肤也容易变得不好，而且干燥的皮肤特别不容易上妆，要是约会的时候出现'卡粉'现象，那局面就会相当尴尬了。所以，日常的肌肤补水护理是非常重要的。主播特意买了几款面膜，想要跟大家分享一下使用心得。大家有什么推荐的面膜吗？记得在评论区告诉主播啊，主播最近也打算精致一下……我看有小仙女推荐了××面膜，××面膜有人用过吗？好用吗？好的，回头主播试一下……"

从上面这个例子我们能看出，直播并不是主播一个人在唱独角戏，尤其是"带货"直播，主播一定要与"粉丝"积极互动，切忌自己说个没完，把"粉丝"晾在一边。在带货时，主播还可以让朋友或者团队在评论区帮忙炒热气氛、引导舆论等。

总之，只有让"粉丝"活跃起来，主播才能更好地进行价值变现的活动。毕竟在"粉丝"欢欣鼓舞时进行"带货"，总比在"粉丝"情绪低落时效果更好。

❺ 渠道分成，变现其实很简单

不管是抖音也好，快手也罢，创作者在所有短视频平台上进行内容创作的第一步，都是选择合适的渠道来获取分成。

通过渠道分成来变现的方式也是绝大部分创作者最喜欢的方式，在注册时，创作者会根据自己的意愿选择领域，如"短视频垂直领域生活类"就是很受创作者欢迎的领域，而且很适合那些做原创内容的个人与团队。

一般来说，短视频平台的渠道可以分为三类：

（1）推荐渠道。所谓推荐渠道，是指视频播放量主要通过系统自动推荐来获得的渠道，这种渠道没有什么可人为操作的空间。例如，今日头条短视频平台主要就是通过推荐渠道来获取播放量的。

（2）视频渠道。所谓视频渠道，是指视频播放量主要通过系统小编推荐和搜索发现的渠道。例如，搜狐视频短视频平台就是通过视频渠道来进行分成的。

（3）"粉丝"渠道。所谓"粉丝"渠道，是指"粉丝"对视频播放量有很大影响的渠道。而且，个别"粉丝"渠道也会有小编推荐的机制存在。例如，美拍短视频平台上的大部分变现都是通过视频渠道进行的。

在了解短视频平台的三类渠道后，我们再来思考这样一个问题：如何才能加入各个渠道的分成计划呢？在回答这个问题之前，我们要先明确一件事，并不是说在加入渠道分成的短视频平台后，创作者只要发布了视频就能拿到提成，创作者需要先满足"加入分成计划"的条件才行。就拿今日头条系抖音、西瓜等短视频平台来说，北京字节跳动科技有限公司的创始人张一鸣为了扶持短视频原创内容，专门拿出了10亿元。那么这10亿元会如何分配呢？

假如，我们将播放量设置成每个平台每天1万次，那么，我们的月收入大概有2 850元（分成后），再加上一些小平台的渠道分成，月收入大概在3 500元，而且视频的播放量越高，我们能拿到的分成就越多。一般来说，一个稍微成熟些的短视频账号，月收入都会高于这个数字，毕竟绝大部分创作者都不会只在一个平台上发布视频。

举个例子来说。一位短视频创作者在今日头条短视频平台上发布了一条原创短视频，并赚取了65万元的播放量。第二日，这条原创短视频的播放量在30万元左右，那么，他每天的收入大约就是700元。而1个月下来，他在今日头条上获取的渠道收入大约就是21 000元。

可这位创作者不仅在今日头条短视频平台上有账号，在搜狐短视频平台上也有账号。不过他的搜狐号播放量没有今日头条多，其月收入在4 000元左右。那么，他每月在这两个短视频平台上的渠道收入就有25 000元左右，这笔收入还是相当可观的。

当然，上面那位创作者的短视频能获得如此高的播放量，也是与其短视频内容质量息息相关。目前，各大短视频平台为留住用户而将短视频发布门槛降得很低，这也导致了这些短视频在内容质量方面存在良莠不齐的现象。

不过，群众的眼睛是雪亮的，不管是广大用户，还是短视频平台管理人员，真正能长盛不衰的，还是那些能够产出真正好内容的原创短视频，而那些靠夺人眼球和卖弄恶趣味"火"起来的账号，也终将被用户与平台抛弃。

总的来说，创作者在初期如何选择优质的渠道，与后期的分成是息息相关的。可与短视频相关的渠道有数十家，而人的精力又是有限的，创作者无法兼顾所有的短视频平台。所以挑选渠道分成较高的短视频平台，就成为创作者初期要做的一项重要工作。

为能在更多短视频平台上分一杯羹，创作者可以组建一个小型的短视频团队，大家就视频的拍摄、制作进行分工。不过，在团队成立之初，人力资源十分有限的情况下，创作者又该如何选择渠道呢？

还是拿生活类栏目举例，生活类栏目虽然在各个短视频平台上的表现都差不多，但创作者在前期选择时，还是要通过观察数据来选择需要重点运营的短视频平台。

从渠道分成来看，有分成的短视频平台是创作者必须要加入的。如果按照分成条件看来，创作者最好是先在今日头条上进行短视频首发，然后再从其他渠道进行第二天的跟发。因为今日头条会给首播更多的推荐量，这就意味着短视频创作者会获得更多的分成。

而且相比其他短视频平台，今日头条的用户群体足够大，且该平台用的是"推荐制"算法。所以在一定程度上，今日头条可以测试创作者所发布视频的受欢迎程度。我们可以发现，在今日头条上受欢迎的短视频内容，在其他短视频平台上的表现也往往可圈可点。

当然，为获得更多渠道分成，短视频创作者还要在标题、标签、首图和介绍等方面下功夫。毕竟这些内容都会影响到视频的点击量、播放量，而这些数据指标又会直接影响到分成的多少。

除此之外，创作者还可以通过今日头条视频上的数据和评论，来检验用户对视频内容的感知度。哪怕在极少情况下创作者发布的短视频出现了重大错误，也可以在进行修改与优化后，再发布到其他短视频平台上的。毕竟对短视频创作者来说，用最小的试错成本来得到最大的产出才是明智之选。

❻ 短视频电商引"流"，开通你的商品橱窗

互联网时代到来后，上网购物成了无数人时常做的事情。

对于广大消费者来说，网上购物无所谓买什么商品、买哪家的商品，很多人只是出于习惯，随手刷刷淘宝、逛逛京东。可是，对于电商运营者来说，为了让消费者能"刷"到自己，为了能让消费者点进来购买自己的

产品，可谓是费了九牛二虎之力。随着电商市场越来越饱和，加上获取流量的成本越来越高，很多人都退出了电商领域。

随着新媒体平台的火热，电商运营者也开始看到了一丝希望。最初，电商运营者只是在新媒体中植入些广告，就像之前在电视上投放广告一样。可是，这种广告植入的宣传效果相当一般，而且顶级流量平台的广告费更是高得吓人。为了寻求一线生机，电商运营者纷纷盯上了短视频平台，开始自营起内容来。

我们不必去追究究竟是电商运营者先转变成短视频创作者的，还是短视频创作者利用平台发展出电商业务的，总之，短视频与电商碰撞出了火花。于是，抖音生出了"抖商"，快手生出了"快商"，今日头条、哔哩哔哩等短视频平台也纷纷涌现出了电商业务。

从平台给出的创作者简介来看，其中大部分创作者都在自营着淘宝店。他们一边通过短视频平台展示自己的产品，号召"粉丝"去淘宝店购买，一边利用淘宝店产品在短视频平台上吸收大量的"粉丝"。

在短视频平台上，创作者兼电商运营者为了在短短十几秒吸引用户驻足并购买，推出了很多或者超级实用，或者奇葩搞笑的产品。例如，薄饼锅、捣蒜神器、喷钱机关、妖娆花音箱等"抖音神器"，都是凭借着高用户活跃量的平台及机制实现了"病毒式"的传播，这种现象为电商运营者带来了新的商机，也为短视频创作者提供了新的赚钱思路，可谓是"双赢"。

不过，这种"双赢"并未持续多久，就出现了不可避免的"吃相难看"问题。借助短视频平台的带货力量，一些兼具短视频创作者与电商运营者双重身份的人赚了个盆满钵盈，这自然引起了错失短视频红利的电商运营者的眼红。于是，有一部分从未接触过短视频的电商运营者，也开始在商品前缀加入了"抖音神器"的标签，试图从中分得一杯羹。

于是，那些在短视频平台上辛辛苦苦将"粉丝"引"流"到淘宝的电商运营者，就会面临"'粉丝'误购买了其他店商品"的窘境。为了解决这一问题，大部分短视频平台都增加了"商品橱窗"功能，便于让兼具短视频创作者与电商运营者双重身份的人将自己的短视频账号与淘宝店链接联系在一起。这样一来，他们就能直接将"粉丝"引"流"到自己的淘宝店铺中，从而避免被同行"攫取利益"。

那么，对那些没有淘宝店，却想在短视频平台带货的创作者来说，他们又该如何利用电商赚钱呢？不必担心，大部分短视频平台都提供了开设店铺、销售商品的功能。就拿抖音来说，那些想在短视频平台带货却没有淘宝店铺的创作者，就可以直接在抖音平台申请开设店铺。这样一来，"粉丝"不必跳转 App，而是直接在抖音进行浏览、购买商品就可以了。

通常来说，在短视频平台的变现方式中，将电商与自身视频内容相结合，可谓是相当高效的一种变现方式。

我们还是拿抖音平台来举例。玩抖音的电商运营者，既可以选择自己在抖音开店，也可以选择通过抖音为自己的淘宝店铺引"流"，更可以选择与第三方店铺或者品牌商合作，继而获取相应的收益。从经验数据看，一般来说，对于那些原本就拥有一定"粉丝"基础，且处于垂直细分领域的短视频创作者来说，他们更适合独自经营一家店铺。

在抖音平台上，具有电商属性的工具主要有三个：一是橱窗功能，二是购物车功能，三是抖音小店。

就拿橱窗功能来说，最初，橱窗功能的限制是拥有"粉丝"8 000

第七章 | 流量变现，短视频玩法的归途

人，发布超过10条短视频，且完成实名认证的用户。满足上述条件的用户即可申请橱窗功能。后来，伴随电商工具逐渐完善，现在，只要创作者的"粉丝"数量达到1万人，抖音平台就会发来官方邀请，邀请其开通购物车功能。而且，没有获得官方邀请的创作者，也可以自己主动申请购物车功能。只要按照平台要求，如实填写相应资料并通过审核即可，并且这个审核过程也是非常迅速的。

然而，很多创作者会有这样一个疑惑："开通购物车功能后，要如何实现电商变现呢？"

在解答这个问题前，我们要先明确这样一个常识：如果不与电商挂钩，那抖音运营者的变现方式主要是承接广告来赚取广告费。而开通购物车功能后，抖音运营者就可以参与到电商运营中来，合法经营自己的电商产品，这将会极大提高运营者变现的效率。

抖音小店是继橱窗功能和购物车功能之后，抖音平台所推出的另一种电商变现工具。而且，抖音小店与淘宝店铺在性质上是一致的，都是网络商铺的一种。开通抖音小店后，运营者可以在抖音、火山、头条等个人主页中展示自己的专属店铺，也可以利用微头条、今日头条、西瓜视频等App购买抖音小店中的商品，操作起来十分方便。

2019年，抖音小店在系统上进行了升级，其审核流程也变得更加严格。比如，抖音小店不再支持个人申请，只支持个体户与公司申请，而且，个体户与公司在进行申请时，也需要给抖音平台提供很多相关资料。抖音平台此举也是为了将资质不足的运营者筛选出去，这对具备足够资质的运营者来说，也是相对公平的举措。

除了抖音平台，其他短视频平台也开始积极与电商挂钩，对于那些希望通过电商加速变现的短视频创作者来说，他们可以根据自己的喜好和要

求来选择合作的短视频平台。

❼ 知识类短视频，卖知识赚钱

如今的互联网可以称得上是群雄并起，不管是专门做虚拟服务的，还是线下有实体商铺、做实际工作的，人人都可以在短视频平台上获取收益。尤其是对那些有一技之长，以及从事知识相关行业的群体来说，想要利用短视频平台获取收益，操作起来就更加便捷。

知识类短视频在短视频类型中其实算得上是一个非常特殊的存在。为什么这么说呢？因为这类短视频受众很广，它能"一直有人看，有人一直看"，所以这类短视频是不缺流量的。如果将知识类短视频进行分类，我们可以发现这类短视频无非只有下面两种：

（1）生活相关的实际知识。这类账号通常会给用户展示某种生活技巧，比如"如何切洋葱不辣眼""如何将杯子清洗干净""如何制作某某甜品""衣服破了，如何不留痕迹地进行缝补"等。这类知识内容非常丰富，因为生活中到处都是小技巧、小妙招，而且这类知识性短视频也很容易变现，因为大部分账号在分享知识时，也会顺带"带货"。

例如，针对"如何切洋葱不辣眼"，创作者就可以既"带货"洋葱，又"带货"刀具；针对"如何将杯子清洗干净"，创作者就可以既"带货"杯子，又"带货"杯刷，还可以"带货"清洁剂；针对"如何制作某某甜品"，创作者既可以"带货"成品甜点，又可以"带货"制作甜点必备的原材料，还可以"带货"相关包装纸、包装袋、包装盒等；针对"衣服破了，如何不留痕迹地进行缝补"，创作者既可以"带货"服装，又可以"带货"针线、补丁等商品。

第七章 | 流量变现，短视频玩法的归途

由此可以看出，知识类短视频还是很容易变现的。不过，这些商品的利润通常比较低，大部分都是靠薄利多销来赚取收益的。总的来说，与生活相关的实际知识类短视频门槛较低、服务较简单、变现较容易，但竞争比较激烈，而且创作者很难靠这种短视频赚到大钱。所以，这类短视频比较适合作为短视频变现的入门选择。

（2）相对虚拟的技能知识。很多人不理解相对虚拟的技能知识指的是什么，我们举个简单的例子来进行一下描述。例如，"炒一盘辣子鸡丁"就是与生活相关的知识，而"餐饮学"就是虚拟的技能知识。

再举个更简单的例子，我们上学时所学的"语文""数学""英语""物理"等课程，就属于相对虚拟的技能知识；而"劳动"课程教我们缝补衣服，则是与生活相关的知识。

讲到这儿，想必大家应该就都明白虚拟技能知识的范畴了。在短视频平台上，靠教大家英语、舞蹈、JAVA 等知识的短视频，都属于虚拟技能知识类。那么，这类视频的创作者要如何进行变现呢？最好的办法就是"开网课"。

2020 年，一场突如其来的新冠肺炎疫情打乱了人们原本平静的生活。对学生和上班族来说，这场疫情所带来的影响可谓是相当巨大，好在，网课以一种新颖的授课方式出现在了人们的生活当中，这也让学生和上班族得以维持正常的学习活动。

随着疫情的缓解，大部分学校和企业都恢复了正常的授课或者培训方式，不过，网课这种授课模式却丝毫不见衰退，反而呈现出水涨船高的发展趋势。

在知识变现的时代，许多短视频内容创作者都盯上了网课这一领域。如今，我们可以在各大短视频平台上找到各种各样的线上课程，而且这

些网课短视频的需求量还很大。不管是有考研、考证需求的人群，还是渴望提升自己某方面技能的人群，不少人都会选择从网上购买相关课程进行学习。所以掌握了某一专业领域知识的人，恰好就可以靠售卖知识来赚取收益。

比如电脑维修这种技能知识，就很容易获取短视频火爆的红利。在很多人眼中，电脑维修是一门并不高端的手艺活。可在短视频平台上，偏偏有很多人都愿意付费学一些电脑维修技能。因为电脑是与大部分人生活、工作息息相关的工具，为了方便日后的生活或者工作，许多人都愿意拿出钱来自学这门技能。与电脑维修知识相关的还有JAVA、C语言等计算机编程语言知识课程，这类受众虽然人数不多，但他们需要经常学习来充实自己。

那么，想通过开网课方式赚取收益的创作者具体应该如何操作呢？下面我们就来具体分析一下。

其一，寻找方向。通过网课进行变现的第一步就是寻找方向。制作网课之前，创作者要充分发掘自己的能力，判断自己能在哪个领域做出优质的知识输出。在确立好方向后，创作者还要确定课程内容，以及对购买用户类型做一个定位。

其二，创建课程。寻找方向只是实现网课变现的第一步，接下来的重头戏则是课程的创建。课程的录制模式主要有两种：一种是真人出镜；另一种是非真人出镜。这两种模式各有其优劣，所以，创作者只需选择自己擅长的形式即可，毕竟说到底，网课的核心竞争力还是内容。在录制好课程后，创作者就要构思网课标题、个人主页、链接等内容的设计；接下来只需上传网课内容，并将课程视频设置为付费观看，或者直接给出购买课程的链接即可。

总之，知识类短视频的入门门槛比其他类型的短视频稍高一些，毕竟这类创作者需要具备一定的技能积累和真才实学，对自己涉及领域的知识储备有信心的创作者，不妨尝试下这种变现方式。

第八章

分析数据，让你的内容趋于完美

❶ 为什么要做数据分析

短视频运营除了要做好内容，还有一项重要工作就是数据分析。通过数据分析，创作者可以实时了解自己的短视频在平台上的各项数据表现，进而根据具体数据来调整内容方案、引流方案、变现方案，以达到收益最大化收益的目的。

短视频数据分析除了可以分析自身短视频的各项数据，还可以分析其他创作者，以及整个短视频行业的数据，从而帮助创作者从更为全面、宏观的角度去了解短视频市场。概括来说，创作者做短视频数据分析，主要有以下几方面的作用：

（1）校正内容方向。在短视频运营初期，创作者大多会选择自己喜欢、擅长的内容方向展开创作，这是值得提倡的做法，只有做自己真正想做并有能力做好的事，才能持久稳定地坚持做下去。

在确定内容方向后，创作者便可以用数据分析来校正内容方向。创作者喜欢化妆，那就可以选择做美妆类短视频，先创作几个短视频发布

第八章 │ 分析数据，让你的内容趋于完美

到平台上，而后通过数据分析工具查看播放量、点赞量和评论等情况，再比对其他美妆类短视频的数据，来判断用户对哪些美妆类短视频更感兴趣。

在整理完分析数据后，创作者会得到一个相对完善的数据报告，凭借这一报告，创作者便可以对内容方向进行优化，是继续深耕美妆领域，多策划一些用户喜欢的内容，还是转战其他内容领域，去做一些其他人还没尝试过的东西，这些想法都可以根据数据分析的结果来确定。

（2）调整视频内容。数据分析除了可以帮助创作者校正内容方向，还可以帮助创作者更好地调整视频内容。如果内容方向的确定是创作者随心所欲定下的，那视频内容的确定，创作者就要靠具体数据来指导了，通过数据分析一次次优化视频内容，可以让用户越来越喜欢创作者的内容。

在短视频平台上，创作者可以利用数据分析工具，分析同领域短视频内容的完播率、点赞数、转发数、评论数，并对各项数据排名靠前的短视频内容进行细致分析，总结其特点，并将这些特点运用到自己的短视频内容中。通过不断地分析、不断地总结，随着搜集的数据越来越多，创作者的数据分析工作也会越来越准确，视频内容创作也会越来越合乎用户的口味。

其实，短视频平台也是靠数据分析来运作的，创作者通过数据分析可以了解视频数据、用户数据，也可以了解平台数据，如果找到平台对某类视频内容或者主题有特别的流量支持，那创作者就可以在自己的短视频内容策划中融入这些元素，以获得平台的流量支持。

（3）调整内容发布时间。每个短视频平台都有流量高峰时段，创作者可以通过数据分析来记录和研究不同平台各个时间段的数据，看哪个时间

段发布内容所获得的推荐量和关注量会更高。

比如，在午饭和晚饭过后，各个短视频平台的流量是相对较高的，但整个流量高峰时间持续得并不长。

对于一些刚刚开始做短视频、固定用户数量比较少的创作者来说，选择在21：00—22：00这个时间段发布短视频，收视效果是比较好的。因为在这个时间段上传内容，短视频平台上的活跃用户较多，用户类型也更为多样，这样一来，在初次传播过程中，创作者的视频内容可以被更多不同类型的用户浏览到，有利于提高创作者被关注的概率。

此外，当创作者积累了一定数量的稳定"粉丝"后，还可以通过数据分析来了解哪个时间段内"粉丝"会观看短视频。这一数据可能并不那么直观、准确，但对于创作者日后利用直播进行内容变现则是非常有帮助的。

短视频数据分析是一项需要长期坚持的工作，创作者一上来就想通过数据分析做出爆款内容，是不切实际的。创作者要清楚，数据分析不是为了分析而分析，而是为了做好内容而分析，创作者需要从整体着眼，立足于内容去做分析，不要颠倒顺序，让数据分析牵着自己做内容，如若总是变换内容方向、经常调整视频内容，只会起到负面效果。

❷ 数据分析中应关注的关键数据

创作者在进行短视频数据分析时，需要有一个宏观的认知，不能一个数据一个数据地抓，而应该成系统地筛选数据来进行分析。在进行短视频数据分析时，创作者可以从以下几个方面数据着手进行分析：

（1）账号数据分析。账号数据分析主要是创作者对自身账号的一些

第八章 | 分析数据，让你的内容趋于完美

基本数据进行分析，如总"粉丝"数、总点赞数、总转发数、总评论数等基础数据（见图8-1），以及在这些基础数据上衍生而来的"粉丝"趋势、点赞趋势、转发趋势、评论趋势等衍生数据。

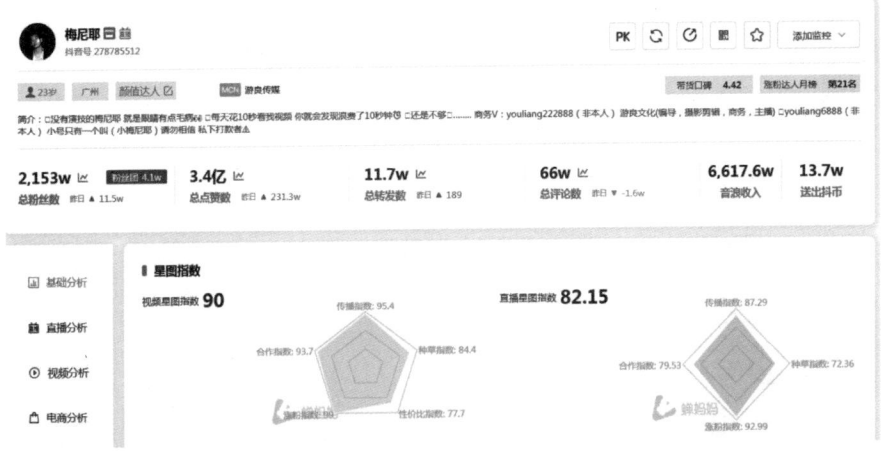

图8-1　抖音数据平台上短视频达人"梅尼耶"的账号数据

在这些基础数据之外，不同的短视频平台上还有一些特定数据可以作为账号数据分析的素材，如抖音平台上的音浪数据、星图指数等。此外，不同的数据分析平台也会给出一些数据，如卡思数据平台的卡思指数、飞瓜数据平台的飞瓜指数和"带货"口碑等。

账号数据分析主要看的是一段时间内短视频账号的涨"粉"情况、评论情况，从而帮助创作者从众多视频内容中，找到最受用户欢迎的那一个，以此帮助创作者完善后续内容上的创作。

（2）视频数据分析。视频数据分析主要是对单个视频的数据进行分析，通过查看其点赞数据、评论数据和转发分享数据，来对自身视频内容进行分析。

用户使用不同的数据分析平台，可以查询到的视频数据类别也是有所

不同的。但不管是什么样的视频数据,都可以归纳为两个方面:一方面是视频内容本身;另一方面是用户对内容的反馈(见图8-2)。视频内容本身的数据主要是视频内容中涉及的各种内容,如视频热词等,而用户对视频内容的反馈则包括点赞率、评论率、分享率、完播率等数据。

图8-2　飞瓜数据平台上短视频达人"彭十六elf"的视频数据

通过比对不同数据在播放量、完播率、点赞量上的差异,创作者可以找到自身视频内容的优势与短板,从而不断优化视频内容,吸引更多"粉丝"关注。

(3)"粉丝"数据分析。"粉丝"数据分析主要是对"粉丝"的具体情况进行了解,寻找稳固的现有"粉丝",并不断吸引新"粉丝"的方法。通过"粉丝"数据分析,创作者可以了解到"粉丝"画像、"粉丝"活跃时间、"粉丝"重合度、"粉丝"对标签的喜好等数据情况。通过对"粉丝"数据进行分析,创作者可以更好地从"粉丝"需求的角度切入,完成视频内容的策划,根据稳固老"粉丝"和吸引新"粉丝"的不同目的,设计不同风格的视频内容,让视频内容策划变得更加高效。

（4）竞品数据分析。竞品数据分析主要是对同内容领域创作者的账号数据进行分析，学习优秀创作者的账号运营方法，吸取被平台限制流量创作者的教训。

在数据分析平台上，创作者可以按照行业、地区、成长趋势等数据来搜索短视频达人，在详情页面中，还可以看到短视频达人的账号数据情况。这样创作者便可以选择一个或者多个同行业领域的达人账号与自身账号进行对比分析，查漏补缺，找到自己的不足之处。

（5）热门视频分析。热门视频分析与竞品数据分析存在一定的相似性，只不过其关注的要点从整个账号聚焦到了视频内容上。创作者可以通过分析热门短视频的内容要素，总结其受到关注的因素，并尝试将这些因素运用到自己的视频内容中。

各大短视频平台和各个数据分析平台上都能查询到热门短视频，数据分析平台上的热门视频内容数据更为全面，可以简化创作者的数据分析工作；短视频平台上的热门视频内容虽然没有各项细化数据，但创作者可以更快看到短视频的热度，以及"粉丝"搜索内容时所用到的关键词，这对于短视频内容优化也是有一定帮助的。快手短视频平台上的短视频热榜如图8-3所示。

图8-3　快手短视频平台上的短视频热榜

总的来说，从上述几方面着手去进行数据分析，创作者就可以得到一个相对完善的数据分析结果。利用数据分析结果，创作者便可以开始对视频内容进行改良，在完成改良并发布内容后，还要继续监控短视频的各项数据，随时进行数据分析才行。

❸ 爆款短视频中哪些数据最有价值

在对爆款短视频进行数据分析时，创作者除了要了解从哪几方面着手进行分析，还要了解分析所得的各项数据都代表什么，以及这些数据中哪些是最有价值的。只有搞清楚这些问题后，创作者才能真正地用好数据分析。

在分析爆款短视频时，创作者需要从基础数据入手，锁定关键数据，透过表面数据来发现其背后的价值。实践证明，一些爆款短视频的基础数据，以及通过处理基础数据得到的新数据，都是很有价值的。

（1）爆款短视频的基础数据。爆款短视频的基础数据主要有播放量、点赞量、评论量、转发量和收藏量等，其中播放量是最为基础的数据，也是判断一条短视频是否火爆的重要指标。根据短视频平台的不同，创作者需要分析的基础数据也会有所不同。

创作者可以先将某段时期内的爆款短视频按照播放量高低来排列，然后挑选排在前10位的短视频，对比它们的标题，看一看是否存在共性特征，如果觉得数据量过小，那就挑选排在前20位的短视频来进行比较。

上面这种操作就是通过播放量在对爆款短视频做数据分析，单从这一分析上，创作者便可以找到一些规律性的因素，用来优化自己的短视频内容。结合其他数据一同分析,创作者所得到的结论还会更为精确一些。

在播放量之外,点赞量也是一个重要的基础数据。如果说播放量代表的是看过这条短视频的用户有多少,那点赞量所代表的就是喜欢这条短视频的用户有多少。对创作者来说,让用户喜欢自己的短视频内容,要远比让用户看一遍短视频内容有价值得多。

2021年3月8日当天,许多短视频创作者都在抖音平台上发布了以"女神节"为主题的视频内容,其中既有手势舞表演,也有歌曲表演,还有搞笑情景短剧,其中有好几条视频都冲进了抖音热度榜的前10位。

如果通过分析点赞量数据,可以找到用户喜欢的内容主题,创作者便可以"趁热打铁"以同样的主题创作出具有自己风格的短视频内容来。这种"蹭热点"的创作模式只要用得好,也是能够做出爆款短视频来的。

(2)通过处理基础数据得到的新数据。在基础数据之上,创作者在分析爆款短视频数据时还要多关注那些通过处理基础数据得到的新数据,即在播放量数据基础之上,对点赞量、评论量、转发量、收藏量进行处理后所得到的点赞率[①]、评论率、转发率和收藏率。

为什么要计算这些比率呢?这是为将众多播放量差距较大的视频内容进行对比所做的准备。很多短视频创作者发布的几条视频,播放量可以差出十几倍,甚至几十倍,有的视频轻轻松松就播放了上百万次,有的视频发布了很长时间播放量还没有突破万次。短视频的数据量可以发生大幅变化,但数据比率却是相对稳定的,为比较播放量差距明显的视频内容,因

---

① 点赞率=点赞量÷播放量。

此引入了比率这一数据指标。

一条美食类短视频，如果播放量很高，但收藏率却很低，那说明这个视频的内容对观众是没有收藏价值的，这可能并不是一个美食教程，而是一个美食故事。如果这个短视频的点赞率很高，转发率很高，但收藏率却很低，那就说明这个视频还是比较合用户的口味的，如果创作者想提高收藏率，那就要在视频内容中加入一些实用内容，如技能提升的内容或者生活品质提升的内容。

如果说收藏率与短视频内容的收藏价值挂钩，那转发率便与观众的分享行为，或者说分享冲动相挂钩。短视频内容被多次转发，就意味着创作者可以获得更多涨"粉"的机会，通过分析那些转发率较高的视频内容，创作者就可以总结出一些能引起观众"转发冲动"的因素。

用户之所以会转发短视频内容，一方面是觉得这一内容对他人会有帮助，另一方面则是在宣扬自己支持的观点。一般来说，搞笑类内容和表达鲜明观点的内容，更容易引起用户转发。

在一些短视频数据分析平台上，用户还可以直观地看到某条短视频的点赞、转发、评论数据与其平均点赞数的差距。通过对比这些数据上的差距，创作者便可以有针对性地解决相应的问题。例如，从图8-4所示的数据来看，这一期视频的点赞数、转发数和评论数都远超于视频创作者的平均水平，能够取得如此成绩，说明这期视频内容中有一些因素是很出彩的，创作者可以通过对比往期视频，来总结出这些因素。

创作者在分析爆款短视频时，并非一定要将众多数据指标都纳入分析范围之中，一些通过基础数据就能分析出的结论，就没必要做得过于复杂。要记住，数据分析不是为了分析而分析，而是为了内容而分析。

第八章 | 分析数据，让你的内容趋于完美

图 8-4 蝉妈妈数据平台上短视频达人"喵才是灯泡！"的视频数据

❹ 用数据分析来补足内容短板

短视频数据分析的最终归宿是视频内容的优化和完善，创作者需要不断用数据分析来让自己的视频内容更受用户喜爱。在赢得用户喜爱之后，创作者才能以此去实现内容变现。

真正搞懂了数据分析的创作者，会通过数据的变化来分析视频内容存在的问题，并找到解决这些问题的方法，从而补足内容上的短板。一般来说，在短视频数据分析中，创作者会遇到的情况主要有以下几种：

（1）播放量很高，点赞量很低。按理来说，播放量高的视频内容，点赞量也应该相对较高才对，但通过对当下一些爆款短视频的分析，我们发现一些播放量很高的短视频，点赞量却并没有那么高。用观众不喜欢这类视频内容似乎能解释点赞量低的问题，但播放量高这种情况又要怎么解释呢？

其实，出现"播放量很高，点赞量很低"的情况，很可能是因为视频内容得到了短视频平台的大力推送，但用户对这一内容却并没有太大兴趣。从表面上来看，获得较高的播放量是件好事，但如果总是维持这种"高播放、低点赞"的情况，平台也会渐渐减少对该视频内容的流量

支持。创作者必须要重视这一问题,在力保平台流量支持的情况下,为视频内容多增添些观众喜爱的因素。

(2)播放量不高,点赞量不低。这种情况与上面一种情况正好相反,可能是平台没有给予视频内容多大的流量支持,但看到视频的用户却都很喜欢这一内容。

在这种情况下,创作者需要在维持用户喜爱的基础上,为视频内容增添一些容易被平台识别的标签、话题,这样才能扩大视频内容的影响范围。

(3)播放量、点赞量都高,评论量很低。这种情况往往说明短视频内容质量不错,也比较受用户喜爱,但这条视频的内容争议性较小,没什么可供讨论的话题。就像某位创作者发布了一个小朋友拾金不昧的视频,内容是好的,主题也不错,但就是没什么讨论的价值,也就自然不会引发多少评论了。

如果创作者发布了一条"大学生扶起摔倒老人,老人家人却要大学生负责"的短视频,那可讨论的内容就多了,大学生应不应该扶老人?老人对这件事是什么态度?老人的家人为何要大学生负责?这里面是不是有什么隐情……这一系列疑惑,足够用户在评论区中讨论一段时间。

(4)点赞量不少,"粉丝"增长量不多。明明获得了很多点赞,用户也都很喜欢创作者的视频内容,可为什么创作者的账号却没有增加多少"粉丝"呢?

这里面的原因也是复杂多样的,创作者可以一点一点去分析。是因为账号下没有多少视频内容,不足以吸引更多"粉丝"的关注?还是因为视频风格不统一,无法维持"粉丝"的忠诚度?又或者是账号信息不完善,"粉丝"无法获取想要了解的信息?不管什么原因,创作者都要多方面分析自己账号存在的问题。

（5）各项数据下滑明显。如果创作者发现自己前几期视频获得的播放量、点赞量、评论量等数据还算稳定，但突然在某一期视频开始，各项数据都出现了明显下滑，并且连续几期都是如此，那创作者就要看一看自己发布的视频是否存在违规的情况，以此来判断自己的账号是否被平台限制了流量。

如果确定账号没有出现违规的情况，那创作者便要考虑是不是视频内容质量出了问题，才导致平台不再像之前那样为自己提供流量支持了。如果确实是视频内容质量上出了问题，创作者就要马上进行调整，以免被平台彻底放弃。

以上几点就是创作者在进行数据分析时很可能会遇到的情况，无论遇到哪种情况，创作者都要从自身的账号和内容出发去寻找问题。

如果创作者在每次发布完视频后不进行数据分析，就急忙投入新的视频内容创作中，那他就只能一直在原地踏步。因此，在每次发布完视频后，创作者都要有针对性地对其进行数据分析，去找一找这条视频没有成为爆款的原因在哪儿，去看一看别人的视频能够吸"粉"数万的原因在哪儿。

❺ 哪个时间段发布短视频效果最好

对于创作者来说，一天当中的哪些时间段用来发布短视频能够起到最好的传播效果呢？这一问题也可以通过数据分析来回答。一些专业的短视频数据分析机构通过统计不同时间段各平台上短视频的播放量和点赞量，得出的结论是：工作日期间的12:00—13:00，以及18:00之后的这段时间，是短视频播放量和点赞量的高峰期。

在双休日和法定节假日，短视频平台上基本全天都"潜伏"着大量用户，这时无论在哪个时间段发布视频内容，似乎都能获得不少关注。但根据抖音发布的《2020抖音大数据报告》来看，周日的20:00—21:00，抖音平台上的活跃用户是最多的。

早在2019年，抖音官方在《2018抖音大数据报告》中就发布了抖音用户活跃的三个高峰时段，其分别是12:00—13:00的午间高峰，18:00—19:00的晚间高峰，21:00—22:00的夜间高峰。从那时开始，短视频创作者就已经开始自觉或者不自觉地定时在以上高峰时段发布视频内容了。

通过分析当下各短视频平台上短视频达人发布视频内容的时间进行分析，我们可以发现，创作者的短视频发布时间并不完全像抖音报告中说的那样，全都是在用户活跃的高峰期发布的，有的创作者会选择在中午11:00发布，有的创作者则会选择在下午17:00发布。但有一点相同之处就是，大多数短视频达人发布视频内容的时间段都基本固定，很少有今天11:00发布，明天15:00发布，后天又22:00发布的。

例如，短视频达人"大狼狗郑建鹏&言真夫妇"发布视频的时间就相对固定，12:00和18:00是其发布视频的主要时间点。从图8-5所示的截图来看，2021年3月7日这天，该账号共发布了3条短视频，其中2条大致都是在这两个时间点发出的，1条则是在19:00稍晚一些的时间发出的，也属于用户活跃的高峰时段。从点赞量来看，在这两个固定时间点发出的视频所获得的点赞量，明显要比19:00左右发出的视频高。

无论是官方给出的用户活跃时间，还是短视频达人自己选择的发布时间，都主要集中在人们休息的时间，休息日自不必多说，工作日则主

第八章 | 分析数据，让你的内容趋于完美

图 8-5　飞瓜平台上短视频达人"大狼狗郑建鹏＆言真夫妇"视频数据截图

要集中在午休和晚上休息的时间，毕竟只有这段时间是人们可以自由支配的时间。

此外，创作者在确定自己的视频内容发布时间时，也需要充分依靠数据分析工具，先进行一番分析才行。具体来说，创作者可以从以下几个方面展开分析：

（1）分析同领域大号。一些同领域大号之所以能火起来，除了内容运营做得好，内容发布时间的选择也有独到之处。创作者可以参考和分析同领域大号的视频发布时间来确定自己的内容发布时间。

如果在相同时间段内有过多大号发布视频内容，那创作者就要思考一下自己的视频内容在同一时段是否具有竞争力，如果没办法在众多大号视

频的包围下突出重围，那就要有选择地避开这一时间段。

相同时间段内堆积的同类型视频内容过多，平台的流量就会更多向大号视频倾斜，新手创作者选择在这时候硬拼，是没什么胜算的。

（2）分析内容主题。如果创作者的账号发布的是睡前故事，那显然在早上和中午发布视频就不是一个好的选择，选择在晚上黄金时间之后发布视频内容，才会起到更好的效果。

如果创作者的账号发布的是健身方面的内容，那就要顺应用户的休息时间，不要在他们上班的时候发布视频。做美食内容的视频也是一样，创作者在用户准备做饭的前一段时间发布视频，才能起到更好的效果。

（3）分析潮流热点。如果恰逢某个社会热点话题被炒得火热，创作者的视频内容又与之有相关性，那不论什么时间段，创作者越早发布视频，就越能获得好的效果。

在2020年新冠肺炎疫情肆虐期间，"回形针"发布的短视频《关于新冠病毒的一切》在很短时间内就播放量破亿，这条短视频简洁明了地介绍了新冠肺炎病毒是如何产生、传播和感染的，为观众讲解了它的RNA序列、感染机制、临床表现和致死概率，为普及新冠肺炎知识做出了重要贡献。凭借这期短视频，"回形针"也迅速涨"粉"、"出圈"，摇身一变成为了知识科普领域的头部账号。

在发布与热点相关的视频内容时，创作者一定要抢在其他人前面，占据先机，但需要注意的是，并不是什么热点都能"蹭"，如果在没搞清楚热点事件原委的情况下，创作者就盲目为其下定论，很容易在事情真相大白之后，遭到用户的抵制和平台的制裁。

在确定短视频发布时间时，创作者应该多搜集一些数据，在累积一定数量的数据后，再展开数据分析工作，据此确定视频发布的时间。在视频

第八章 | 分析数据，让你的内容趋于完美

发布后，创作者还需要对视频内容进行实时监控，搜集并完善数据分析，以便及时调整视频发布时间。

❻ 常用短视频数据分析工具

短视频创作者想要做到知己知彼，就要多搜集短视频行业的各类数据来对自己和他人的账号进行数据分析。在这个过程中，有一些常用的短视频数据分析工具，可以帮助创作者提高数据分析的精准度和效率。

（1）卡思数据。卡思数据是一个短视频大数据监控平台，其可以监测抖音、快手、哔哩哔哩、美拍、秒拍等多个短视频平台的数据信息（见图8-6）。此外，卡思数据还提供各类便捷功能，便于创作者开展数据分析工作。

图8-6 卡思数据平台首页截图

首先，创作者可以在平台上查看各品类下的达人、商品榜单。创作者可以借此来了解自己账号在同领域中的位置，同时还可以了解到同领

域或者其他领域中热度较高的短视频达人的账号数据。通过商品榜单，创作者还可以查找到适合自己账号的产品，有助于顺利实现直播"带货"变现。

其次，创作者可以在平台上同时管理多个账号，自动监测视频和直播数据。创作者可以利用实时监测功能来监测账号的数据变化，以及时调整账号内容运营的策略。

最后，创作者可以在平台上查找热门视频、音乐和话题，实时追踪热点事件。当内容创作陷入瓶颈时，创作者可以在平台上寻找素材和灵感，遇到热点话题内容，还可以在第一时间创作出爆款视频。

（2）飞瓜数据。飞瓜数据是一款专业的短视频和直播电商数据分析平台，现有抖音、快手、哔哩哔哩三个版本，以及小红书数据分析平台。其中，飞瓜数据（抖音版）可以应用到抖音运营的各个场景之中，无论是内容策划，还是流量变现，创作者都可以在这一平台上获得有价值的数据。

首先，创作者可以通过多维度榜单，来获取各领域短视频达人的账号数据信息，快速了解不同行业的流量趋势，帮助自己迅速确定内容方向。

其次，创作者可以在平台上实时获取热点内容。创作者每分钟都能看到爆款短视频的各项数据信息，为其内容策划提供更多选择。

最后，创作者可以在平台上对多个账号进行集中管理。MCN机构可以实时掌握旗下账号的最新动向，对视频账号运营的关键数据进行分析。

除了以上这些基础功能，飞瓜数据还可提供多维度监控全网实时直播的功能，帮助创作者更好地了解直播带货数据，为创作者的直播变现助力。

第八章 │ 分析数据，让你的内容趋于完美

创作者还可以通过微信小程序进入飞瓜数据平台，随时随地使用手机查看短视频账号、爆款产品和热门直播的数据。

（3）短鱼儿。短鱼儿是抖音数据分析工具"抖大大"的升级版。其可以为创作者、品牌方和商业化公司提供内容创意库，内容数据跟踪及分析，电商效果、营销效果评估，以及建议综合性解决方案。其在具体功能上主要表现在热门素材、行业榜单、直播分析、监测分析和多账号运营等方面。

其一，热门素材：创作者可以在平台上获得各种热门视频、音频素材，定位抖音爆款商品推广视频，以更好地完成内容创作和直播"带货"。

其二，行业榜单：创作者可以在平台上遍览达人涨"粉"榜、主播销量榜和好物榜等20多个细分榜单，并借此寻找到优质内容主题和爆款产品。

其三，直播分析：高频率更新各短视频达人的直播带货、音浪收入和用户画像数据，帮助创作者精准定位受众，更好地进行短视频运营。

其四，监测分析：多维度监测短视频达人和爆款产品，实时把握数据变化，创作者可以借此对视频内容效果进行复盘，优化视频账号。

其五，多账号运营：多账号管理既可以让MCN机构更好地管理旗下账号，也可以让多账号矩阵运营的创作者更为高效地进行短视频运营。

（4）新榜。新榜是一个专业的内容产业服务平台，其最初依靠做微信公众号数据分析起家，现在已经建立起相当丰富的数据资源库，不仅可以为创作者提供微信公众号数据分析，还可以提供视频号、抖音号、快手号和哔哩哔哩等多个短视频平台的数据分析。新榜抖音数据平台主页截图如图8-7所示。

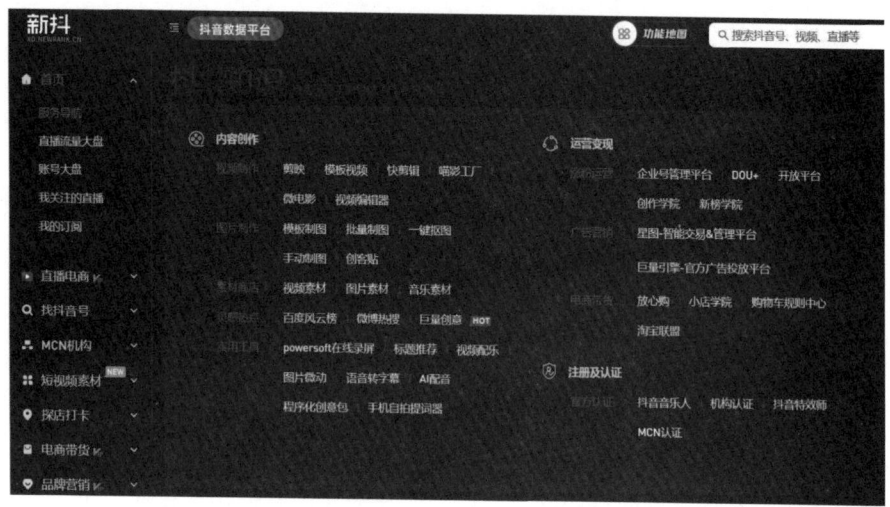

图 8-7　新榜抖音数据平台主页截图

除了具备其他数据平台的相关功能，新榜的抖音数据平台还可提供一些抖音短视频内容运营的相关知识与素材，虽然其中的知识内容并不算全面，但对于新人创作者来说，还是很有帮助的。

上面提到的这些短视频数据分析平台在功能上虽然各有差异，但基本都能满足短视频创作者的数据分析需要。创作者可以根据自身需要选择合适的数据分析平台，如果想要使用更多数据分析功能，创作者还需要解锁各个平台上的会员服务功能。

第九章

引"流"吸"粉",让你的短片更受欢迎

❶ "粉丝"流量是短视频领域的"硬通货"

如今,各大短视频平台的"抢人大战"越来越激烈,引入成名已久的明星入驻,已经成为短视频平台的共同选择。

2020年6月1日,周杰伦入驻快手,仅仅用了48个小时,周杰伦快手账号的"粉丝"量便突破了900万,其发布的4条短视频播放量也轻松超过3亿。

2021年1月27日,刘德华入驻抖音,仅1天时间"粉丝"数量就突破2 000万,其发布的几条短视频播放量也都轻松突破了千万。其抖音账号数据截图如图9-1所示。

周杰伦和刘德华入驻短视频平台,充分展现了天王巨星的号

图9-1 飞瓜平台"刘德华"抖音账号数据截图

召力。但这种号召力并不是短视频平台赋予他们的,而是他们依靠自己几十年的演艺生涯积累起来的。从某种角度来说,周杰伦和刘德华的入驻,更多是短视频平台的需求,短视频平台需要依靠天王巨星的加入来聚集流量,以帮助自身在市场竞争中立于不败之地。这一点放在普通的短视频创作者身上也同样适用。

如果某位"草根"出身的短视频创作者可以在平台上累积数千万的"粉丝",那平台同样会将其当作"天王巨星"来对待。对于平台和创作者来说,"粉丝"流量就是最好的"身份证"。

自从互联网在全国范围内推广开来,"粉丝经济"这个概念便成了市场营销行业获取财富的"金钥匙",一时间"得'粉丝'者得天下"的论断传遍了大街小巷。

但在当时,能够获得"粉丝"的大都是明星,刘德华和周杰伦这样的天王巨星就是从那时起开始积累"粉丝"的。普通人想要获得"粉丝",在当时还并不现实。

伴随着移动互联网大幕的开启,短视频逐渐成为社会娱乐的新宠,越来越多的普通人拥有了获得"粉丝"的机会。就这样,借助于短视频平台,越来越多的普通人逐渐成为了短视频领域的"天王巨星"。

截至 2021 年 2 月,短视频创作者"李子柒"在抖音平台上积累了 5 391 万"粉丝","祝晓晗"在抖音平台上积累了 4 804.6 万"粉丝","会说话的刘二豆"在抖音平台上积累了 4 279.6 万"粉丝"(以上数据来源于"飞瓜数据"平台);在快手平台上,短视频创作者"白小白《风疯少年》"拥有"粉丝"4 844.6 万,"小伊伊"拥有"粉丝"3 761.7 万,"疯狂小杨哥"拥有"粉丝"3 209.9 万(以上数据来源于"飞瓜数据"平台);在视频号上,短视频账号"一禅小和尚"已累积了 1 587.1 万的点

第九章 | 引"流"吸"粉",让你的短片更受欢迎

赞数,"长春奇点"则累积了1 689.88万点赞数(以上数据来源于"友望数据"平台)。

这些并没有明星光环的短视频创作者,在短视频平台上积累的"粉丝"数量并不比明星们少多少。在广告商眼中,明星的价值并不在于其演得有多好、唱得有多好,其真正的价值在于自身对"粉丝"的影响力有多少。如果说"粉丝"影响力这个数据太抽象,那么"粉丝"数量就是衡量明星价值的最直观数据。

如此来看,拥有和明星一样多"粉丝"的短视频达人创作者在商业价值上也就不比明星少多少。从近年来的直播带货情况来看,"李佳琦""薇娅"等短视频创作者为广告商和厂商所带来的收益,是丝毫不逊色于明星的。

从这一角度来看,"粉丝"流量已然成为短视频领域的"硬通货"。平台要靠它来筛选短视频创作者,找出那些能为平台积累活跃粉丝的达人创作者;广告商也要靠它来为短视频创作者定价,用一定的金钱来换取足够多的曝光量;短视频创作者则要靠它来实现自身价值,获取更多的财富收入。

对于短视频创作者来说,做短视频内容可能是兴趣使然,但若是做运营,那就要多注重一下引"流"吸"粉"的问题了。短视频内容的高质量固然是吸引"粉丝"的关键因素,但如果只靠短视频内容,而不开展一些"粉丝"运营活动,那创作者就会遇到"酒香也怕巷子深"的困境,因为短视频平台上的好内容实在是太多了。

当短视频创作者的"粉丝"数量达到了一定规模后,便可以通过"粉丝"流量来实现价值变现,在这种价值变现过程中,原本抽象的"粉丝"价值便可以变为更为具象化的物质价值。

❷ 靠独特人设风格，单周涨"粉"百万

拥有独特人设的短视频创作者，对于某些特定群体的吸引力是非常强的，如果短视频内容的风格又能与这种独特人设巧妙结合，那引"流"涨"粉"就会变得很轻松。

近年来，居家办公的流行为美食类短视频带来了涨"粉"的新契机，许多美食类账号都在短时间内积累了不少"粉丝"。当下，在各大短视频平台上的美食类账号中，比较火热的有"李子柒""蜀中桃子姐""麻辣德子"等，其皆是比较有个人风格的短视频创作者。

"李子柒"和"蜀中桃子姐"的美食短视频都主打田园风格，但在具体呈现方式上却截然不同。如果用"人间仙境"来形容"李子柒"的田园生活，那"接地气"就是"蜀中桃子姐"田园生活最好的注脚。

在"蜀中桃子姐"的短视频中，主要的背景是没有经过任何修饰的农村土屋和简陋的生活设施，主要内容则是琐碎的家庭对话；没有刻意创作的段子，没有添加滤镜的镜头，没有任何表演的成分，有的只是有滋有味的人间烟火。出镜的主要人物有桃子姐、丈夫包立春和几个孩子，其中桃子姐做菜时与包立春的日常互动是视频的主要内容。许多观众抱着跟桃子姐学做家常菜的想法，同时也学到了一种接地气的、生活化的夫妻相处模式——不需要很多钱，不需要大房子，不需要口红化妆品，也不需要高档奢侈品，需要的只是生活中的相互扶持与踏踏实实过日子的心。

主打田园美食的"蜀中桃子姐"已经跨越了账号内容领域的边界，这使得其可以在更为广阔的范围内吸引"粉丝"关注，这正是通过独特的人设和内容风格来实现"粉丝"增长的优秀典范。其抖音账号截图如图9-2所示。

第九章 | 引"流"吸"粉",让你的短片更受欢迎

在各大短视频平台上,不少短视频创作者通过独特的人设和内容风格,实现了"粉丝"数量的迅速增长,甚至有的账号在单周内便增长了上百万"粉丝"。

短视频创作者"条件有限(亳州密探)"在2021年2月单周涨"粉"百万,整月涨"粉"200万。从其2月份发布的视频来看,"今天教大家一道家庭版太妃糖"和"今天教大家一款家庭款自制可乐"

图 9-2 "蜀中桃子姐"抖音账号截图

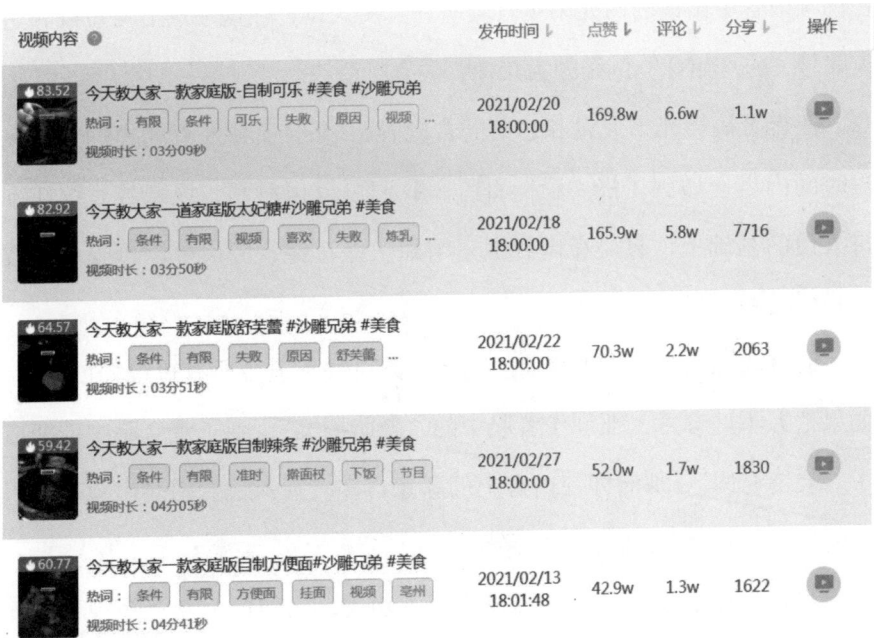

图 9-3 飞瓜数据平台上"条件有限(亳州密探)"视频内容页面截图

的点赞量都达到了160多万（见图9-3），由此可以判断正是这2条视频内容为其带来了百万"粉丝"增量。

翻看"条件有限（亳州密探）"发布过的视频内容可以发现，其视频标题的形式都是非常一致的，都是"今天教大家一款家庭……"。在点开视频内容后可以看到，这个账号下的美食内容并不是什么家常食谱教程，而是一些经过奇思妙想设计的特别料理。

这个美食短视频账号的特色是在家中条件有限的情况下，做出一些自己想要吃到的美食。例如，没有榨汁机，便用擀面杖捣香菜；没有黄油，便用豆油代替；没有草莓，便用胡萝卜代替……总的来说，就是因为家庭条件有限，所以才做什么缺什么。

如果只是在内容上出新，可能还不足以做到单周涨"粉"百万的成绩，在"条件有限"的情况下，这一账号还在出镜演员上动起了小心思。在视频内容中出镜的两兄弟主打蠢萌、真实人设，在这一点上与短视频达人账号"疯产姐妹"倒是颇为相像，大有打造"疯产兄弟"的意思。

依靠着搞笑兄弟人设和恶搞美食内容，"条件有限（亳州密探）"在短时间内迅速做到了涨"粉"百万。我们可以预料到，该账号后续在维持人设的基础上，只要在内容上多增加一些花样，应该可以再收获一波"粉丝"的关注。

值得注意的是，这种蠢萌、搞笑的人设并不适合所有短视频创作者，如果把握不好分寸，那创作者眼中的"蠢萌搞笑"，到了观众眼中就变成了"装傻充愣"。那时即使内容上的新意再多，观众也会因对出镜人物人设的反感，而对视频内容失去兴趣。

当下，在出镜人设和内容风格上下功夫，已经成为众多短视频创作者的共识。每个人都希望在出镜人设上出彩，每个人都绞尽脑汁地树立人

第九章 | 引"流"吸"粉",让你的短片更受欢迎

设,这就使得短视频平台上的人设已经很少有独特性可言。

在这种情况下,新手创作者如果也跳入"立人设"的汪洋之中,恐怕很快就会被淹没。其实,在短视频内容中立人设并没有那么困难,每个人都有独特的一面,这些方面也许在创作者自己看来并没什么独特可言,但在其他人眼中就是一种独特的存在,所以短视频创作者只要做好自己就够了。

❸ 和"粉丝"保持互动,是最好的吸"粉"方法

创作者和"粉丝"保持互动,既能提升现有"粉丝"的忠诚度,也能吸引新"粉丝"的关注。当下的短视频平台已不单单是视频内容的分享平台,而是变成了一个多功能复合型平台,其中的社交功能为短视频创作者提供了一个与"粉丝"保持互动的渠道,也为创作者提供了一种引"流"吸"粉"的方法。

在短视频平台上与"粉丝"互动的方式有很多,不同的互动方式能够起到的效果也会有所不同,不论是固"粉",还是涨"粉",创作者都要多运用互动渠道与"粉丝"进行互动。

(1)评论区互动。创作者利用评论区与"粉丝"互动,是一种最为常见的"粉丝"互动方式。短视频创作者在评论区积极回复"粉丝"评论,可提高留言的活跃度,其直接效果是维持现有"粉丝"的忠诚度,更深层的效果则是提升视频内容被算法推荐的概率。

关于短视频算法机制的问题,前面已经有所介绍。试想一下,在面对一个0条评论和一个1万条评论的短视频,平台的算法机制会选择哪一个推荐给更多用户?很显然,短视频的评论数越多,热度就越高,被平台推

荐的概率也就越高。

在这种情况下,创作者在评论区回复"粉丝"留言,或者是直接在评论区提出问题引导"粉丝"回答,以此来增加评论区"粉丝"的活跃度,便成为一种高效且低成本的吸"粉"方法。

(2)直播互动。在具体效果上,直播互动更倾向于提高现有"粉丝"的忠诚度,而并不是吸引新"粉丝"的关注。同时,在大多数短视频创作者眼中,直播的更大价值在于"带货",而并非吸"粉"。但实际上,通过直播互动的价值远不仅于此。

直播互动(非直播"带货")主要是创作者与"粉丝"交流的过程。在这个过程中,创作者可以回答"粉丝"提出的问题,满足"粉丝"对自己的好奇;还可以主动发起讨论,带动"粉丝"共同参与话题;一些创作者还会在直播中加入一些新奇内容,加深"粉丝"对自己的好感。

创作者可以将直播看作是一个展示自己的平台,即使是在直播带货时,也要多与"粉丝"互动,不要只顾着介绍产品。只有让"粉丝"更全面地了解自己,才能让他们心甘情愿地掏钱购买自己推荐的产品。要知道,在直播互动中催生的信任,是创作者"带货"成功的重要保障。

(3)"说说"互动。"说说"是快手平台推出的一项功能,主要着眼点在于陌生人社交和"粉丝"互动,其主要包括个人主页、说说广场和写说说三个功能分支。快手用户可以从"消息—动态"里查看关注人的单条说说详情,也可以通过用户主页的说说tab快速查看指定用户的说说动态。

短视频创作者可以通过"说说"来发布自己的实时动态,告知"粉丝"自己当前的状况,也可以预告下期直播的时间和内容,有时候一段文字配上一张图片,就可以吸引大量"粉丝"互动。

(4)"群聊"互动。抖音、快手等头部短视频平台已经推出了"群聊"

第九章 | 引"流"吸"粉",让你的短片更受欢迎

功能,短视频创作者可以把忠诚度较高的"粉丝"聚集在群里,在群内与"粉丝"直接进行互动,从而慢慢建立起自己的私域流量池。

创作者通过这种方式与"粉丝"互动,虽然对涨"粉"没有太大助力,但对于提高"粉丝"忠诚度、实现"粉丝"价值变现却具有重要意义。很多依靠"带货"变现的主播,可以借此有针对性地进行优惠活动的宣传,形成自己稳固的"带货"圈。

创作者可以在短视频内容外与粉丝互动,也可以在短视频内容中设置一些悬念,或者是能够引起"粉丝"兴趣的话题,来引导"粉丝"展开互动。

一些短视频创作者会在视频结束时抛出一个问题,这个问题往往具有一定的争议性或者号召性。例如,"你觉得应不应该这样做?""如果是你,你会怎样选择?"这类争议性的问题可以让观众发表自己的看法,并就自己的看法与他人交流。又如,"支持的朋友点个赞""觉得我做得对的朋友,请多多转发"等,这类号召性的表达可以让"粉丝"多点赞、多转发,从而提高短视频的完播率和转化率。

❹ 让"粉丝"在你的视频中找到归属感

短视频创作者靠什么才能留住"粉丝"?是在视频内容中加入"未完待续"字样,还是用礼物福利让"粉丝"得到实惠?都不是!只有让"粉丝"在你的视频中找到自我归属感,才能长久稳定地留住"粉丝"。

"归属感"这个词听起来很抽象,但它也可以很具象化地加以表达,如有的人的归属感来自故乡,有的人的归属感来自爱人,有的人的归属感来自家庭,有的人的归属感来自职业……

"粉丝"的归属感可以从很多地方获得,如果这个归属感来自创作者的短视频,那"粉丝"便会持久稳定地关注创作者的账号,直到创作者不再更新视频,或者再也创作不出能让"粉丝"产生归属感的新内容为止。

以"田园牧歌"为主题的短视频为何会有那么多"粉丝"关注?这是因为他们从中找到了归属感,那里有故乡的味道,有传统的气息,也有几千年来中国人自力更生的精神力量。

以"欢乐家常"为主题的短视频都是些见惯了的家长里短,却依然会有很多"粉丝"关注,这也是因为他们从中找到了归属感。

薇娅最为人熟知的称号是"直播一姐",这是对她事业成就的评价,也是她连轴转地坚持直播的成果。关注薇娅,意味着可以获得一些产品的"全网底价",也意味着这些产品的质量可以得到保障,但还有一部分原因则是"粉丝"可以从她的短视频和直播中获得归属感。

薇娅在抖音平台一共有两个账号:一个是"薇娅viya",另一个是"我是薇娅viya"。前一个账号是带货主播薇娅,后一个账号则是带娃女人薇娅;前一个账号多发布好物信息,后一个账号则发布生活内容;在工作与生活之间维持平衡,这便是"粉丝"眼中的"哆啦"薇娅。

在"我是薇娅viya"账号中,薇娅会分享一些自己对生活的感悟,以及自己曾经在大城市打拼的辛酸经历。从视频内容中可以看出,早年的薇娅与许多女生一样,独自在大城市漂泊,做什么事情都不那么顺利,既然薇娅完成了蜕变,那其他女生也一样可以。

"这个时代给了我们很多次逆风翻盘的机会,既然不服命运的标配,就努力把自己的优势变成王炸。"薇娅的故事对那些依然在为生计打拼的人来说,是很有感染力的,"粉丝"可以从她的故事中获得归属感。

"麻辣德子"的视频同样能让"粉丝"获得归属感,这种归属感来自

第九章 | 引"流"吸"粉",让你的短片更受欢迎

地道的美食,也来自他经常挂在嘴边的那句"我媳妇也爱吃"。

"麻辣德子"是抖音平台上的一位美食类短视频创作者,虽然他选了个"麻辣德子"的账号名,但视频的内容却并不那样劲爆,也没那么花哨,做饭就是做饭,在自家厨房换着花样做一些媳妇爱吃的菜。这样的内容再加上一个长相憨厚、笑容可爱的胖厨师出镜,吸"粉"效果是非常好的。

从 2018 年到现在,仅仅 3 年时间,"麻辣德子"已经在抖音平台上累积了 4 000 万"粉丝",成为了抖音平台当之无愧的头号美食达人。翻看他所发布的短视频,内容剧情单一,场景布置也不太讲究,每道菜的做法也没什么新奇技巧,但很多人点开他的视频后,就很难轻易退出去,正是这一道道的家常菜留住了他们。

"疼媳妇""鞠躬"是"麻辣德子"最为人熟知的标签,"真实"则是他能火到现在的一个重要因素。那些短视频运营的方法与技巧对他来说通通不重要,没有华丽的布景,没有精致的餐具,有的只是再寻常不过的家庭厨房。

在探讨"如何让'粉丝'在视频内容中获得归属感"这个问题时,过于严苛地分析出一二三四条并没有什么意义,"照猫画虎"去做视频,并不能让"粉丝"找到同样的归属感,就像丁真依靠一个微笑爆红网络后,再多人去模仿也很难达到同样效果一样。

相比于依靠运营技巧来固"粉",让"粉丝"在视频内容中找到归属感这种方法并没有那么简单,但其所能产生的效果,却是任何技巧都无法比拟的。

这也是为什么我们要强调短视频创作者要从自身出发去创作短视频,因为只有从自己身上衍生出来的视频内容,才是独一无二的。当"粉丝"

能在这种"独一无二"中获得归属感,那么创作者便应该将这种内容延续下去,但如果这种"独一无二"并不合"粉丝"的胃口,那创作者就要重新思考下自身还有哪些内容是可以做的。

❺ 多账号短视频矩阵引"流"

多账号短视频矩阵引"流"是指在单个短视频平台上建立多个账号,以实现彼此间相互引"流"。这种引"流"吸"粉"方法对视频内容策划的要求很高,多个账号下的视频内容要么互相补充,要么鲜明对立,如果内容相似度过高,引"流"吸"粉"的效果就会大打折扣。

前面提到的家族式短视频矩阵运营,算是一种多账号的引"流"吸"粉"模式,每个家庭成员都以自身视角来拍摄视频内容,通过全方位展示家庭日常生活趣事,可以让"粉丝"从更多角度去观看,如此,多个账号间的"粉丝"便会彼此流动,共同构成一个较大的"粉丝"流量池。

当新的账号加入这一家族矩阵后,便可以从现有的"粉丝"流量池中吸收"粉丝",从而迅速扩充最初的"粉丝"积累。但需要注意的是,这种多账号矩阵引"流"存在一个显著的弊端,那就是不同账号"粉丝"的同质化情况非常严重,这一问题可能会影响账号后续价值变现的效果。

其实,这一问题是多账号矩阵引流的典型问题,只要是从一个"粉丝"流量池中吸收"粉丝"的多账号矩阵,就可能会遇到这种问题。创作者想要摆脱这一困难,就要跳出共有的"粉丝"流量池,从全平台引"流"吸"粉",而这就要靠出彩的内容策划来实现了。

2021年2月,在抖音平台上,"一杯美式"和"三金七七"2个账号在近30天时间里均成功吸引了300多万"粉丝"的关注。通过对比分析

第九章 | 引"流"吸"粉",让你的短片更受欢迎

其内容我们可以发现,这2个账号便是通过多账号矩阵引"流"来实现"粉丝"数量增长的。

"一杯美式"在抖音平台上主打剧情类短视频,该账号在2021年2月14日情人节当天发布的视频"你就像一根鱼刺卡在喉咙,无论怎样都很疼"收获了250多万的点赞,并借此完成了"粉丝"流量的积累。这个短视频主要讲述了大学校园中的一段无疾而终的恋情,各种大学校园的恋爱场景被拼接在一起,很容易让"粉丝"产生共鸣。在背景音乐上,该视频选择了当时抖音平台上很流行的《错位时空》,很好地烘托了校园恋爱故事的氛围,让"粉丝"更容易从中获得情感共鸣。

从故事结局上来看,"一杯美式"的故事多以悲情结尾收场,多少会让观众感到遗憾。此时,如果能够及时补充一些"甜蜜元素",观众的观影体验就会大为提升,而这就是矩阵中的另一个账号"三金七七"所做的事。"三金七七"同样主打剧情类短视频,但与"一杯美式"的悲情故事不同,"三金七七"的视频中充满了甜蜜的情侣日常,在"狂撒狗粮"的同时,也引起了"粉丝"情感上的共鸣。

值得注意的是,"一杯美式"和"三金七七"的视频内容都使用了相同的主演,结合定位完全不同的故事,可以满足不同口味"粉丝"的需求,喜欢悲情故事的"粉丝"可以观看"一杯美式"的视频,而喜欢甜蜜故事的"粉丝"则可以观看"三金七七"的视频。

此外,这2个账号还经常会在对方的评论区中与"粉丝"互动,这种做法可以更好地提升2个账号的关联程度,同时也能起到相互吸"粉"的效果。

虽然这2个账号是结成矩阵运营的,但从近几期的视频内容来看,其视频内容并没有太大关联,在后续运营中,创作者也可以试着增加2个账

号在内容上的衔接，比如做出同样故事情节，但却有不同故事结局的设计，可能会起到更好地吸"粉"效果。

多账号矩阵引"流"可以覆盖某个内容行业的各个细分领域，比如，"蘑菇街"便在抖音上以"蘑菇搭配师""蘑菇化妆师""菇菇来了""菇菇叽""菇菇街拍"等账号构成了自己的抖音矩阵。可以看出，其账号矩阵大多集中在潮流时尚领域，其中"菇菇来了"以街拍形式为主，"蘑菇搭配师"主要聚焦于服饰搭配领域，"蘑菇化妆师"主要立足于妆发技巧和好物评测，"菇菇叽"则定位于介绍明星穿搭。

如此细分矩阵账号，可以在最大程度上吸引该领域的"粉丝"，但相应地，创作者需要在内容策划上付出的精力也要更多。对于个人创作者来说，暂时不建议尝试用太多账号进行多账号矩阵引"流"。

❻ 参与话题、挑战，保持平台热度

短视频创作者想要获得"粉丝"关注，就要让账号始终在平台上保持热度，至少要让"粉丝"知道这个账号依然还存活着，因此持续稳定地更新内容，多在评论区与"粉丝"互动，都是很有必要的吸"粉"运营手段。在这些基础手段之外，创作者想要在平台上保持热度，还需要参与一些话题、挑战才行。

创作者参与话题，尤其是那些社会讨论度高的话题，可以很好地提升账号内容的受关注程度，如果账号内容足够优质，还可以获得更多平台提供的流量支持。

在2020年春节期间，抖音平台上共发布了237万个与"不出门"话题有关的短视频内容。其中，"在家旅个游"话题的相关视频，在抖音平台上累积播放了 21 亿次，而"做饭"话题的相关视频，则在抖音平台上累积播放了 15.6 亿次（数据截至 2020 年 2 月 7 日）。

同一时间，在快手平台上，由 CBA 官方快手账号发起的"在家健身助攻防疫战"话题也引发了用户的广泛关注，许多短视频创作者纷纷以此话题展开内容创作，截至 2020 年 2 月 21 日，这一话题下的短视频内容的播放量已超过 3.9 亿次。

参与热门话题可以帮助创作者获得更高的曝光量，会更有机会吸引"粉丝"关注。对于缺少内容选题的创作者来说，也可以节省策划选题的时间。

创作者想要参与短视频平台上的热门话题也很简单，像是在微视平台上，只要通过频道版块下的"话题窗口"就可以进入相应的话题选择界面，在选定相应话题后进入话题页面，点击"我也要拍"按钮便可以拍摄同款话题的视频内容了。

除了在平台上搜索热门话题，一些短视频数据分析网站也会提供热门话题搜索服务。通过数据分析平台，创作者不仅可以了解话题的热度，还可以查看该话题的播放量增量趋势，以判断其热度是否消退。

如果觉得围绕平台上的热门话题做不出什么有价值的内容来，创作者也可以自己制造话题创作内容，只要话题选得好，也能成为热门，获得流量关注。

前段时间，"蚂蚁呀嘿"的视频话题登上了抖音热榜，这一话题出自一个只有几秒钟的短视频，视频中的人物的头部被添加了特效，能够跟着配音一起摇头晃脑，趣味性十足。很快，抖音平台上就掀起了模仿"蚂蚁呀嘿"的热潮，许多流量明星也都自觉加入其中，这也进一步增加了这一话题的热度。

一些短视频创作者结合自身内容特点制作了相关视频，宠物类短视频创作者"莹莹的小可爱"为宠物狗加上了"蚂蚁呀嘿"特效，而游戏类短视频创作者"晓白同学d"则为游戏人物加上了"蚂蚁呀嘿"特效。两位创作者都因及时跟进话题而让自己所创作的视频内容收获了一部分"粉丝"的关注。

一些创作者独辟蹊径，他们没有选择将"蚂蚁呀嘿"话题植入自己的视频内容中，而是制作了如何做出同款"蚂蚁呀嘿"效果的教学视频。摄影类短视频创作者"大表哥（手机摄影）"便通过这种操作成功涨"粉"数万。

如果创作者想要自己制造话题，最好选择在一些节庆日到来之前，策划出与其相关的话题内容，比如在三月八日"女神"节到来之前，策划"致敬女性""每个女人都不简单"这样的话题，并创作相关短视频内容，便可以获得较高的"粉丝"关注度。

在热点话题之外，各个短视频平台还会推出一些挑战活动，这些挑战活动有的是品牌方、广告主发起的，有的是平台或者官方媒体发起的，在具体形式上，与热门话题其实差不多，可能会有一些特殊规则或者要求，但本质上还是做相关联的视频内容。

在参与挑战活动时，创作者也要从自身内容领域出发去创作视频，不要为了参加挑战而随意调整视频风格或者内容领域。

第十章

直播"带货",短视频玩法的新潮流

❶ 从短视频创作走向直播"带货"

如果要为2020年的短视频市场提炼一个关键词,那么"直播'带货'"应该是最好的选择。在这个颇为特殊的年份中,"新冠疫情"让短视频行业实现跨越式发展,也让直播"带货"成为当前火热的商品销售模式之一。

从商务部发布的数据可以看到,2020年上半年,全国电商直播场次就超过了1 000万,观看人次则超过了500亿。从国家统计局发布的数据可以看到,2020年1~11月,全国网上零售额达到105 374亿元,同比增长11.5%。可以说,直播"带货"已经成为短视频市场的新热点。

相比于电商平台直播,短视频直播起步虽然要晚一些,但发展势头却十分迅猛。抖音、快手两大短视频头部平台的直播"带货"数据连创新高,让很多短视频创作者都走上了直播"带货"之路。相比于电商直播"带货",短视频直播"带货"自诞生起便具有一些显著优势,正是这些优势让短视频创作者能够更好地跨越到直播领域中,顺利实现价值变现。

电商直播主要有电商店铺直播和电商主播直播两种。电商主播直播与短视频直播较为类似,但电商店铺直播却与短视频直播略有差异。

电商店铺直播多是对商品的展示、讲解，帮助"粉丝"了解产品性能和内涵，同时还会不定时发放一些优惠券，以促进商品成交。从某种意义上来说，这类直播的推广意义要大于卖货意义。

电商主播直播和短视频直播颇为相似，两者都是以达人为主，带货的品类也更为多元化，"粉丝"对达人的信任度比较高，商品成交率也相对较高。不同之处在于，短视频主播可以依托内容、人设来吸引更多潜在消费者，挖掘"粉丝"的非计划性购物需求，刺激"粉丝"随机性、冲动性购物，在有效降低商家获取客户成本的同时，帮助"粉丝"购买到价格更便宜的商品。

虽然短视频直播拥有这些显著优势，但短视频创作者想要开启直播之路，还需要提前做一些准备。这些准备与创作短视频内容时的准备有相同之处，也有不同之处，具体来说主要包括以下几个方面：

（1）选择合适商品。"选品"是所有主播的必修课，选择一款物美价廉的商品，可以让主播、商家和"粉丝"都从中获益；选择一款存在问题的商品，则会让主播、商家和"粉丝"都蒙受损失。

短视频创作者在选择商品时，一方面要考虑商品的质量与价格，另一方面则要考虑商品类型是否与自己的风格、人设相匹配，做好这两方面的工作，才能顺利进行直播"带货"。

（2）挖掘"粉丝"需求。为何要先选定商品，然后再挖掘"粉丝"需求？不是应该根据"粉丝"需求去确定商品类型吗？如果短视频创作者抱着这种想法去直播，最终的直播"带货"效果很可能会让其大失所望。

没什么"粉丝"积累的短视频主播，先挖掘"粉丝"需求，再挑选合适商品时就没什么问题了。但如果是有了一定"粉丝"积累的达人主播，就一定不能"'粉丝'要什么我就卖什么"。短视频达人主播要掌握直播的主动,要让"粉丝"因为信任自己,去选择产品,而不能本末倒置地将自身置于次要地位。

（3）制订活动方案。直播"带货"的可选方案有很多,具体活动方案需要短视频创作者根据直播时间、直播内容来确定。商品秒杀、限时抢购、优惠折扣都是较为常见的直播"带货"活动。

相比于电商主播,短视频主播在活动方案设计上要更为灵活,根据自己的短视频内容设计活动方案,将自己在短视频中的人设植入直播之中,都可以让直播过程变得更为有趣。

（4）提前预热推广。提前预热推广是很有必要的,短视频直播并不像短视频一样,可以重复播放观看。"粉丝"并不会每时每刻等着短视频创作者开启直播,所以短视频创作者一定要通过预告视频,或者个性签名来告知"粉丝"直播时间和具体优惠活动。

因为在2020年的表现抢眼,当下短视频直播市场已经涌入了许多主播,既有短视频达人,也有知名明星。在这个内容为王、流量为王的时代,短视频创作者只有抓住这个"风口",才能让自己飞得更高。

❷ 短视频新号直播涨"粉"技巧

对于那些拥有数百万、数千万"粉丝"的短视频达人来说,直播"带货"是一种极好的价值变现手段;而对于那些刚刚踏入短视频领域,还未积累起足够多"粉丝"的创作者来说,短视频直播却是一个涨"粉"的绝好手段。

短视频新号开直播,想要获得百万、千万元的销售额并不太现实,但想要依靠一场直播来获得一定的"粉丝"增量,并不是一件无法实现的事情。

2021年3月25日,在飞瓜数据平台实时热榜中,有一个仅有1万"粉丝"的抖音号,通过一场直播,达成了81.3万元的销售额,并为账号成功涨"粉"1.3万。短视频新号靠视频内容涨"粉"过万并不罕见,但通过一场直播轻松获得上万的"粉丝"增量,却值得研究。

通过飞瓜数据平台可以发现,这场直播是由种草类主播"小鑫茹"发起的,名为"遮阳伞专场直播"。该场直播从3月24日15:00开始,到3月25日13:00结束,持续22小时的直播吸引了15.8万人次的关注,实现了1.4万件的销量和81.3万元的销售额。直播结束后,账号累计涨"粉"1.3万,"粉丝"转化率达到了10.29%。

在这一系列亮眼的数据背后,这位主播在直播内容上的设计非常值得借鉴,在整个直播过程中,有几个主要的直播技巧,非常适合新手短视频播主学习,下面简单举例介绍一下:

(1)反复提示观众"关注下单领赠品"。整场直播看下来,给人印象最深的便是随处可见的"关注下单领赠品"提示。在直播间的正上方,"关注下单评论送皮套+侧面挡板"几个大字清晰可见,而且在直播讲解过程中,主播还会不定时口头提醒观众,关注之后再下单,可以领取赠品。

为了让观众更好地了解赠品详情,主播还将赠品挂到了小黄车的2号链接上,以此来更好地刺激观众下单前关注账号。这种方法既可以提升观众下单的概率,还可以为账号实现涨"粉"增"粉",是一个一举两得的策略。

(2)满减优惠促销量。在该场直播中,主播只推出了一款产品(另一款为赠品),仅这一件商品就卖出了1.4万件,这种销售成绩的取得,与主

第十章 | 直播"带货",短视频玩法的新潮流

播推出的满减优惠活动是密不可分的。

在直播间,主播设置了满 100 减 10 元的优惠活动,看似优惠力度不大,但用在单价 59 元的汽车遮阳伞上,却再适合不过。观众只有拍下 2 件商品时,才会触发这一优惠,很多观众都抱着"多拍有优惠"的心理,购买了 2 件商品,组合支付后共 108 元,这在无形中便提升了商品的销量。

(3)评论区互动与口头解答相结合。从飞瓜数据平台给出的数据可以看到,整场直播的总弹幕数共有 6.9 万条,与商品相关的弹幕数达到了 70.6%,弹幕中出现较多的热词有"大号""小号"等型号,以及参与直播活动的汽车品牌名称。弹幕互动如此频繁,看得出主播在这一方面下足了功夫。

此次主播推荐的这款遮阳伞一共有大、小两个型号,适配于不同车型。观众在购买遮阳伞时,如果不知道该选择哪个型号,便可以在评论区留下汽车品牌,主播会现场口头解答。这种"提问—解答"的方式看上去简单,实际效果却"不简单",它不仅可以促进销售,同时还可以提升直播间权重,让更多观众可以在平台上看到这一直播间。

(4)现场试验增加商品可信度。在长达 22 小时的直播中,主播只推荐了"汽车遮阳伞"这一款产品。每当有新观众进入直播间,主播都会对产品进行重点介绍。除了口头介绍,主播还在直播间背景上将商品的优惠活动和特色卖点一一罗列出来。

为了更好地推销商品,主播还针对这款遮阳伞的"遮光隔热"功能进行了现场演示,她将遮阳伞盖在一个探照灯上,探照灯的强光并没有穿透遮阳伞,用手摸上去也并不会有灼热感(此为主播口述)。这种实证演示的方法很好地证明了商品的质量,促进了下单转化。

就上面介绍的短视频直播案例总体来说，短视频新号在进行直播时，既要通过巧妙设置满减活动提升销量，又要通过提升直播气氛来增加直播间权重，实现涨"粉"增"粉"的目的。对于短视频新号来说，选择爆款商品进行直播会更容易一些，但在选择爆款商品时一定要注意与账号风格的匹配度问题。

❸ 直播"带货"选品的"三大注意"

无论是头部主播，还是短视频新号主播，在直播"带货"时，都应该将选品作为直播工作的重中之重。一款物美价廉的商品能够带火一名新手主播，一款存在质量问题的商品则会带垮一名头部主播，快手平台上某位头部主播的"燕窝事件"便为短视频直播带货敲响了警钟。

在正式选择适配自身风格的商品之前，短视频主播需要先搞清楚三个方面的问题，我们可以将这些问题称为直播带货选品的"三大注意"。

（1）什么是"爆款"。通俗地讲，"爆款"就是卖得好的商品。这些商品的价格或许不低，却能被大多数观众所接受，短视频主播将其作为直播间的主打商品，很可能会创造出极好的直播"带货"成绩。每个主播都希望能创造出"爆款"商品来，但从当前的形势看，真正从直播带货中涌现出来的"爆款"商品并不多，或者说能够让短视频新号主播接触到的"爆款"商品较少。

在直播"带货"领域，"爆款"这个概念是按照商品在直播间中发挥的作用来确定的，所以又可以称为"跑量款"，主要是用来提升直播间人气和销售数据的；与"爆款"相对的，还有"引'流'款""利润款"等发挥其他作用的商品。

第十章 | 直播"带货",短视频玩法的新潮流

"引'流'款"商品的主要作用是帮助直播间引"流",这种商品在直播间会以成本价或者低于成本价的价格销售,性价比极高,所以又被称为"福利款""宠'粉'款"商品。这种商品通常会放在直播开始前的 10 分钟或者 20 分钟来推荐,作为热场活动吸引、回馈"粉丝"。

"利润款"商品的主要作用是帮助直播盈利,这种商品的品质要比"引'流'款"商品高很多,一些商品还有独特的卖点,以至于观众可以忽略其相对昂贵的价格来选购这些商品。在具体选品搭配时,这种商品通常会与其他商品搭配推荐,从而让观众有更多选择的空间。

除了这些商品,有的直播间还会推出"品牌款"商品,利用大品牌商品来提升整体商品的档次,促成产品销售。

(2)不同作用商品要巧妙搭配。主播单纯在直播间售卖"引'流'款"商品"赔本赚吆喝",很难获得盈利;单纯在直播间售卖"利润款"商品"盲目追求利润",也很难获得好的直播成效。想要做成一场好的直播,短视频创作者需要在选品时巧妙搭配各种商品。

"引'流'款"商品搭配"利润款"商品,可以满足不同层次观众的购物需求。例如,金晨在 2021 年"3.8 女王节"直播带货中,一共介绍了 65 件商品。在这些商品中,3.88 元的护手霜作为"引'流'款"商品,很好地调动了直播间"粉丝"的热情;而 11 599 元的游戏台式整机作为"利润款"则很好地满足了男性观众的需求,虽然成交量不算太高,但其所创造的利润却委实不低。

"引'流'款"商品搭配"爆款"商品,也是一种不错的商品搭配方案。主播先以"引'流'款"商品聚集人气,而后通过"爆款"来冲业绩,通常可以创造出不错的销售成绩。通过仔细查看"心相印官方旗舰店"的直播数据,我们可以发现,其直播间上架的多款商品中,有 4 款产

品属于"爆款"主推商品。这些商品的讲解时长多在2小时以上,成交量也在总成交量中占据较大比重。

(3)根据实时数据调整直播节奏。对于优秀的短视频主播来说,事先制订好的直播计划并不是一成不变的。一个成熟的短视频运营团队会通过直播间的实时数据来调整直播活动,灵活推出商品,从而最大化直播带货效果。

主播在直播时通常先用"引'流'款"商品拉人气,再推出"爆款"商品冲业绩,而后再以"利润款"商品搏盈利。这种常规直播节奏并没什么问题,但在遇到"突发情况"时,主播还是要懂得随机应变。

例如,如果原定5款"引'流'款"商品,主播在推出到第3款时,直播间流量便达到峰值,这时候主播该怎么办?继续推出第4款"引'流'款"商品是不明智的选择,这时候主播需要直接推出第1款"爆款"商品,以保证让最多观众看到这款商品。与此同时,主播可以适当拉长商品讲解的时间(此时要时刻关注实时数据变化),反复强调商品的价格优惠活动,以求在最高流量时实现最高的商品转化率。

对于已经积累了一些忠实"粉丝"的短视频主播,时刻关注弹幕数据,适时调整商品上架顺序和讲解时长,也是很有必要的。如果观众在弹幕中不停要求"上小龙虾链接",而主播还在陶醉地推销"鱿鱼丝",那就很可能造成观众的流失。

经过了近一年时间的"野蛮生长",短视频直播带货渐成气候,对于大多数短视频新手主播来说,与其耗费较多时间去追"爆款"商品,不如在现有货品基础上,提升选品搭配能力,实现销售额的稳定增长。

❹ 短视频直播"带货"的"黄金时段"

与短视频内容运营一样,短视频直播"带货"也有"黄金时段",在正确的时间段内推销正确的商品,可以获得"事半功倍"的效果;而在错误的时间内推销错误的商品,则只能得到"事倍功半"的结果。

对于短视频直播带货的时间段安排,大多数短视频新手主播认为,利用晚上时间来直播,效果会更好,因为白天大多数观众都在工作,很少有时间观看直播,即使观看直播,也只是利用一点零星的碎片时间,这点时间甚至都不够了解一个产品,更不要说完成下单了。这种观点看上去没有错,实际却存在一个致命的漏洞。

这些短视频新手主播考虑到了晚上观众有时间看直播,却没有考虑到观众会去看谁的直播。晚上的"黄金时段"通常为18:00—22:00,在这段时间里,许多头部主播都会进行直播,在诸多主播竞相开播的情况下,短视频新手主播很难从头部主播那里"抢到"观众。

面对这种情况,短视频新手主播便需要做出抉择,是在晚上观众多的时候与头部主播争夺观众,还是在白天观众少的时候在较少竞争下获取观众。这一问题并没有教科书式的答案,具体结论还需要短视频新手主播自己亲身实践一番,才能确定下来。

在一天之中,不同时间段的"粉丝"特征会有所不同,短视频新手主播也可以据此来确定自己直播带货具体时间。下面简单介绍一下几个时间段中,观看直播的观众的基本特征,以帮助新手主播更好地确定直播时间。

(1)6:00—9:00。这个时间段的观众数量并不多,一些上班族会利用这个时间段观看一些直播,工作较为自由的观众(家庭主妇)也会在这段时间观看直播。由于是早餐及通勤时间,这段时间中的观众虽然观看直播,但真正下单购买商品的其实并不太多。

这个时间段中开播的主播相对较少,主播间的竞争也很小,新手主播可以利用这段时间为直播间吸引"粉丝",并对后续的直播做出预告。想要追求商品销量的主播,最好不要选择这个时间段进行直播。

(2)12:00—14:00。这个时间段的观众多以上班族为主,他们通常会利用午休时间来观看直播、选购商品。相对的,这个时间段中开播的主播要比早晨多很多,主播间的竞争也要激烈一些,但相比于晚上的"黄金时段",这个时间段对于新手主播还是相对"友好"一些的。

(3)18:00—22:00。这是一天中直播的"黄金时段",绝大多数头部主播都会选择在这个时间段中直播。短视频平台也会在这段时间迎来流量高峰,主播间的巅峰对决通常也都发生在这段时间中。

虽然这个时间段的直播平台上有最为庞大的用户流量,但整体来看,这个时间段对于新手主播却并不那么"友好",一方面是头部主播的挤压,另一方面则是平台对流量的引导,都对新手主播不那么有利。

(4)23:00—2:00。对于新手主播来说,这是一个"神奇"的时间段,在这个时间段内,虽然不那么容易创造惊人的销售成绩,但却很容易为直播间增"粉"涨"粉"。大多数凌晨观看直播的观众多有一些"百无聊赖",他们渴望与人交流、谈心,这对于新手主播来说是极大的"利好",如果能在这段时间与观众建立情感上的共鸣,对后续的直播"带货"将会起到重大的作用。

总的来说,短视频新手主播在还未积累足够多的"粉丝"时,可以利用早晨和凌晨、竞争较少的时间段进行直播,先积累"粉丝",而后再"带货"变现。而那些有一定"粉丝"积累的主播，则可以利用中午和晚上的时间，参与到直播竞争之中，在直播实践中慢慢发现问题、积累经验。